Johanna Schaal

Nüsse & Kerne

Johanna Schaal

Nüsse & Kerne

Die gesunden Energiespender

190 köstliche Rezepte
zum Kochen und Backen

Seehamer Verlag

Bildnachweis:
Für die freundliche Überlassung der Abbildungen danken wir
Ketchum Public Relations, München, und dort im einzelnen:
Adam: Abb. zu den Rezepten Seite 52, 58.
Aurora Urkraft des Keimes: Abb. zum Rezept auf Seite 166.
Thomy: Abb. zum Rezept auf Seite 68
USA Sunflower: Abb. zu den Rezepten Seite 27, 34, 86, 144.

Gestaltung: Hartmut Czauderna, Büro für Gestaltung
und Herstellung von Büchern, Gräfelfing
Umschlaggestaltung: Bine Cordes, Weyarn
Umschlagfoto: Bildagentur Mauritius, Mittenwald
und Ketchum Public Relations/Adam, München
Printed in Austria
ISBN 3-932131-63-0

Inhalt

Nüsse und Kerne – die gesunde Nahrungsergänzung

Nüsse braucht man zum Backen – das lange verbreitete Vorurteil möchte ich mit diesem modernen Kochbuch widerlegen. Mit Nüssen und Kernen kann man fast jedes Gericht im Geschmack, aber auch um wichtige Nahrungselemente bereichern. Als Beispiel sei hier auch die große Variationsbreite der Brötchen und Brote genannt, die es heute gibt: Ohne Sonnenblumenkerne, Sesam, Mohn, Hasel- und Walnüsse kommt heute kein Bäcker mehr aus, wenn er überleben will.

Nüsse enthalten Vitamine, Mineralien, hochwertiges pflanzliches Eiweiß, ungesättigte Fettsäuren und Ballaststoffe, also alles Gute. Daß heutzutage in unseren Breiten diese Erkenntnis mehr verbreitet ist als früher, verdanken wir größtenteils der Vielzahl von Vegetariern und Vollwertköstlern. Sie nutzen nämlich die Fülle an Nährstoffen, um die Defizite der fleischlosen Kost wettzumachen.

Sonnenblumenöl gab es schon immer als gesunden Konkurrenten der tierischen Fette. Pflanzliche Öle sind besser für unseren Stoffwechsel, deshalb wurde im Laufe der Jahre das Angebot um viele verschiedene Öle aus Nüssen und Kernen erweitert: Walnußöl, Erdnußöl, Leinöl u. a. m. sind besonders aus der Salatküche nicht mehr wegzudenken. Der geschmackliche Unterschied zwischen einem Salat, der mit Sonnenblumenöl angemacht ist, und einem anderen, der mit Walnußöl angemacht ist, ist so ähnlich wie der Unterschied zwischen einem i ohne Punkt und einem mit!

Wissenswertes zu Kauf und Aufbewahrung

Für alle Nüsse gilt, daß man sie möglichst in ihrem Originalzustand kaufen sollte, also mit Schale, da die Schale in den meisten Fällen eine Garantie für Frische ist. Sie umhüllt die Nüsse (fast) luftdicht und bewahrt so alles Gute in sich. Durch ihren hohen Fettanteil laufen die Nüsse Gefahr, schnell ranzig zu werden. Aber auch für Schimmelbefall sind Nüsse sehr anfällig. Schimmelige Nüsse sollten unter gar keinen Umständen zum Verzehr kommen, da der Verdacht besteht, daß sie krebsfördernd sein können.

Je nach persönlicher Vorliebe kaufe man die Nüsse entweder im Reformhaus, auf dem Markt oder im Supermarkt. Hier gelten die auch für Gemüse oder Obst maßgeblichen Entscheidungshilfen.

Besonders wichtig ist das Wissen um die Herkunft bei Sonnenblumenkernen, da diese dazu neigen, überdurchschnittlich viel schädliches Cadmium zu speichern.

Sicherlich gibt es Fälle, wo man die Nüsse geröstet, gesalzen, aber auf jeden Fall luftdicht verpackt kaufen möchte. Hier gilt, daß man sie nach Öffnung der Verpackung nicht länger als ein bis zwei Wochen – je nach Jahreszeit – aufbewahren sollte.

Grundsätzlich gilt, daß man Nüsse – egal in welcher Form und Verpackung – einerseits möglichst luftdicht, z. B. in einem Glas mit Schraubverschluß, und andererseits unbedingt kühl und trocken aufbewahren sollte.

Die für die Weihnachtsbäckerei beliebte Kokosraspel sollte man keinesfalls über die Saison hinaus aufbewahren. Also am besten nur soviel einkaufen, wie man auch zu Weihnachten verbrauchen kann!

Für die in diesem Kochbuch vorgestellten Rezepte gilt im allgemeinen, daß man ungesalzene und ungeröstete Nüsse verwendet, es sei denn es ist anders angegeben. Sollten Sie einmal nur gesalzene Nüsse im Haus haben, sollten Sie bei der Salzzugabe entsprechende Abstriche machen!

A – Z der Nüsse und Kerne

Cashewnüsse

Ihre Heimat liegt in Mexiko und Brasilien. Auf bis zu 10 m hohen Bäumen, die mit dem Mangobaum verwandt sind, wachsen birnenförmige Früchte, die Acajou- oder Kaschuäpfel, die die Einheimischen als Obst lieben. An diesem Apfel hängt der Cashewkern, umgeben von einer hölzernen Schale und einer ätzenden Flüssigkeit. Außerdem umgibt den eigentlichen Kern noch ein feines Samenhäutchen. Ist dies alles erst einmal mühsam entfernt, hat man den besonders zarten und knusprigen Kern mit seinem eigenartig lieblichen Geschmack. Macht man sich diese mühsame Ernte der Cashewnüsse bewußt, wundert man sich sicher nicht mehr über ihren relativ hohen Preis.

Unter allen Nüssen enthalten die Cashewnüsse am wenigsten Fett, dafür aber die meisten Kohlehydrate. Außerdem enthalten sie wichtige B-Vitamine und Pantothensäure. An Mineralien liefern sie Kalium, Kalzium, Phosphor, Eisen und eine verhältnismäßig große Menge Magnesium. Dieser hohe Magnesiumanteil macht sie zum beliebten Stärkungsmittel für Herz und Nerven.

Die Cashewkerne werden in den Ursprungsländern meist gesalzen und dann luftdicht verpackt, damit sie lange haltbar sind.

Erdnüsse

Botanisch betrachtet sind Erdnüsse Hülsenfrüchte. In tropischen und subtropischen Klimazonen reifen sie an kniehohen Büschen in Schoten, die in den Boden hineinwachsen.

Erdnüsse sind reich an essentiellem Eiweiß, ungesättigten Fettsäuren, Vitaminen der B-Gruppe, Vitamin A und E. Außerdem enthalten sie Kalzium, Kalium, Phosphor, Magnesium und Schwefel.

Erdnüsse sind besonders anfällig für krebserzeugende Schimmelpilze. Man sollte sie deshalb nicht zu oft verzehren, auf ihre Herkunft achten und sie nicht zu lange lagern.

Haselnüsse

Es gibt wildwachsende und kultivierte Haselnußsträucher, die ihren Ursprung in den Mittelmeerländern haben. Heutzutage findet man die zu den Birkengewächsen zählenden Sträucher überall in Europa, aber auch in Nordamerika oder Vorderasien. Die Nüsse wachsen in kleinen Dolden umgeben von einer Holzschicht.

Haselnüsse sind reich an Eiweiß und ungesättigten Fettsäuren und enthalten außerdem die Vitamine A, B und C sowie Phosphor, Kalzium, Kalium, Eisen, Magnesium und etwas Natrium. Der hohe Fettgehalt, nämlich 61 %, macht die Haselnüsse zu einem der beliebtesten Öllieferanten unter den Nüssen.

Die Haltbarkeit der Haselnüsse ist besser, wenn man sie im Ganzen kauft. In der Küche sollte man sie immer ganz frisch gemahlen, geraspelt oder zerrieben verwenden.

Kokosnuß

Die Kokosnuß als Frucht der Kokospalme finden wir in den Tropen, also in sehr warmen Regionen. Eine Kokospalme kann leicht 100 Jahre alt werden und bis zu 30 m hoch. Ein ausgewachsener Baum kann 50 bis 100 Kokosnüsse pro Jahr abwerfen. Das durchschnittliche Gewicht einer Kokosnuß beträgt fünf Pfund.

Zum Verzehr eignet sich das unter einer dicken Holzschicht sitzende weiße Fruchtfleisch und die in der Nuß enthaltene Kokosmilch.

Was die Inhaltsstoffe der Kokosnuß angeht, so sind diese nur schwer mit denen anderer Nüsse vergleichbar, ihr Eiweiß- und ihr Fettgehalt sind verhältnismäßig gering,

Mineralien und Vitamine nur in kleinen Mengen vorhanden. Unbestritten dagegen ist die Qualität ihres Aromas, weshalb sie sich besonders gut für die Weihnachtsbäckerei und als Bestandteil leckerer Saucen eignet. Ein mit Kokosnuß gewürztes Fleisch beispielsweise bringt einen unvergleichlichen exotischen Touch in die Mahlzeit.

Kürbiskerne

Die Heimat der Kürbisse liegt in Amerika. Von dort kamen sie im 16. Jahrhundert zu uns. Die Kerne der Büschelkürbisse zählen zu den Ölsaaten. Sie enthalten viel Eiweiß und ungesättigte Fettsäuren, vor allem aber Zink.

Kürbiskerne haben einen äußerst würzigen Geschmack und werden deshalb, ebenso wie Sesam, Mohn und Sonnenblumenkerne, zum Würzen von Brot und Brötchen verwendet. Aber auch das Kürbiskernöl erfreut sich wachsender Beliebtheit.

Mandeln

Die Heimat des Mandelbaumes liegt in Zentralasien und in Turkestan, heute werden Mandeln in den Mittelmeerländern, in Kalifornien und China, aber auch in Deutschland kultiviert.

Die Inhaltsstoffe der Mandeln sind in etwa mit denen der Haselnüsse vergleichbar. Mandeln enthalten aber kein Vitamin C, dafür Vitamin E und Pantothensäure. An zusätzlichen Mineralien enthält die Mandel Kupfer und Mangan. Ihr Magnesiumanteil ist relativ hoch, er kann bei bis zu 250 mg pro 100 g Mandeln liegen. Vorsicht ist geboten bei bitteren Mandeln, die einen hohen Grad an Blausäure enthalten. Schon der Genuß von 5 bitteren Mandeln kann zu Übelkeit, 50 bis 60 bittere Mandeln zum Tod führen.

Auch für Mandeln gilt, möglichst immer in der samtartig behaarten, etwas ledrigen Haut kaufen und aufbewahren.

Erst kurz vor der Verwendung oder dem Verzehr überbrüht man die Mandeln kurz und zieht dann die braune Haut ab.

Mohn

Der ursprünglich in Kleinasien beheimatete Blaumohn ist heute eine in ganz Europa verbreitete Würz-, Arznei-, Genußmittel- und Zierpflanze. Sie wird zur Opiumgewinnung einerseits und zur Ölgewinnung andererseits angebaut. Mohn enthält dem Sesam und den Sonnenblumenkernen vergleichbare Mengen Eiweiß und Fett und eine Menge Vitamin E.

Zum Backen sollte man unbedingt ungemahlenen Mohn kaufen, möglichst aus kontrolliertem Anbau, da der Mohn ebenso wie die Sonnenblumenkerne dazu neigt, übermäßig viel Cadmium zu speichern.

Pecannüsse

Die Pecannuß stammt aus den amerikanischen Südstaaten, wo sie der indianischen Urbevölkerung als wichtiges Nahrungsmittel diente. Noch heute wird der stattliche Pecanbaum dort angebaut, aber auch in Mexiko, Kanada, Afrika, Indien, Australien und Israel können wir ihn finden.

In Aussehen und Geschmack ähneln die Pecannüsse den Walnüssen. Ihr Fettgehalt liegt bei 70 %, ihr Eiweißgehalt bei ca. 10 %. Auch der Mineraliengehalt der Pecannuß ist mit dem der Walnüsse vergleichbar, allerdings ist der Kalium- und der Phosphoranteil besonders hoch. Außerdem ist der Selenanteil hervorzuheben. Ein relativ hoher Anteil an Beta-Sitosterol hat der Pecannuß den Ruf eingebracht, daß sie Verkalkungsprozesse im Körper hemmen oder sogar verhüten kann.

Pinienkerne

Pinienkerne sind die von einer sehr harten Schale umgebenen Samenkerne der Pinien, die überall in den Mittelmeerländern vorkommen.

Geschmacklich sind sie mit den Mandeln vergleichbar. Auch ihr Fett- und Eiweißanteil sind ähnlich. An Mineralien ist der hohe Phosphoranteil nennenswert.

Pinienkerne sind neben Olivenöl, Basilikum und Parmesan ein unverzichtbarer Bestandteil der »Pesto« genannten Mischung, mit der die Italiener ihre »Spaghetti Genovese« anrichten. Aber auch in Verbindung mit Spinat ergibt sich eine schmackhafte Kombination.

Pistazien

Der kleine immergrüne Baum, an dem die Pistazien wachsen, ist in Zentralasien seit 5000 Jahren bekannt. Heute findet man ihn überall in den Mittelmeerländern.

Die haselnußgroße Steinfrucht trägt unter ihrer Schale den eigentlichen Pistazienkern. Unter einer braunroten Haut befindet sich der intensiv grüne schmackhafte Kern – je grüner, desto frischer, desto besser!

Pistazien haben einen sehr hohen Nährstoffgehalt. Kalium, Kalzium, Magnesium, Phosphor, Eisen, Mangan und Kupfer, die Vitamine A, B und C und Niacin – alle auch in anderen Nüssen und Kernen vorkommenden Stoffe sind hier vereint und sogar in hoher Konzentration. Daraus ergibt sich, daß die Pistazie einen anerkannt guten Nährwert hat, mit dem sich Ernährungsmängel ausgleichen lassen.

Pistazien sind als »Knabberzeug« vor allem bei Südländern und Franzosen (zum Aperitif) sehr beliebt. In Italien und Amerika hat man das Pistazien-Eis mit seiner auffallend grünen Färbung zur Lieblingseiscreme erklärt.

Sesam

Der Sesam gehört zu den ältesten Kulturpflanzen der Welt, er gehört als solcher nicht zu den Nüssen, sondern zu den Ölsaaten. Im Rahmen unseres Kochbuches haben wir ihn unter dem Oberbegriff Kerne zusammen mit den Sonnenblumenkernen, dem Mohn und den Kürbiskernen integriert.

Sesam wird heutzutage in China, Indien, Afrika und Mexiko angebaut, und zwar überwiegend wegen des hochwertigen Öls, das man aus ihm gewinnt. Die eigentliche Sesamsaat kommt nur in geringem Umfang in den Handel. Aber können Sie sich eine Bäckerei ohne Sesambrötchen vorstellen? Aber auch frisch geröstet über ein Müsli oder über den Salat gestreut, liefert die Sesamsaat ein unvergleichliches Geschmackserlebnis.

Sesam enthält einen beachtlichen Eiweißanteil von 20%. Kalzium, Kalium, Eisen, Magnesium, Phosphor und Lezithin, das als Nervennahrung gilt, sind relativ hoch konzentriert. Außerdem sind im Sesam die Vitamine A, B und E enthalten.

Sonnenblumenkerne

Die Heimat der Sonnenblume liegt in Amerika. Die nordamerikanischen Indianer haben die Sonnenblume schon früh als Nutzpflanze angebaut. Heute sind die wichtigsten Anbauländer die Staaten, die man früher unter dem Begriff der UdSSR zusammenfaßte, und außerdem Argentinien und Frankreich. In all diesen Ländern werden die Sonnenblumenkerne überwiegend zur Speiseölgewinnung angebaut.

Dem Sesam vergleichbar enthalten die Sonnenblumenkerne außergewöhnlich hohe Mengen an Mineralstoffen und Vitaminen. Allerdings ist hier die hohe Konzentration von Fluor hervorzuheben, das für unsere Zähne so wichtig ist. Der relativ hohe Eiweißgehalt liegt bei 27%.

Der beträchtliche Anteil an Linolsäure in Verbindung mit Vitamin E hat dem Sonnenblumenöl den Ruf eingebracht, daß es zur Senkung des Blutcholesterins beitragen kann.

In unseren Breiten hat man die Sonnenblumenkerne als Würze an Brötchen und Brot, aber auch als Bestandteil von Müsli entdeckt.

Walnüsse

Walnußbäume haben ihre Heimat in Asien. Heute kann man sie aber überall finden, da sie als Pflanze anpassungsfähig, aber auch anspruchslos in ihren Anforderungen an Boden und Klima sind. Hauptanbaugebiete finden wir in Kalifornien, Spanien und China.

Walnüsse enthalten den Haselnüssen vergleichbar eine hochwertige Fett- und Eiweißmenge. Aber auch Mineralstoffe und Vitamine sind in hoher Konzentration vorhanden. Ihr hoher Beta-Sitosterin-Gehalt wirkt sich positiv auf Herz und Blutgefäße aus. Wer fünfmal pro Woche drei Walnüsse knabbert, soll laut einer amerikanischen Untersuchung eine bis zu sieben Jahren höhere Lebenserwartung haben.

Kerniges Frühstück

Power-Müsli

pro Person: 60 g Getreide nach Wahl
etwas kaltes Wasser
½ Zitrone, 1 Apfel, 1 kleine Banane
2 EL halbsteif geschlagene Sahne
2 EL gemahlene Haselnußkerne oder Mandeln
1–2 EL Honig

Am Vorabend das Getreide grob schroten, in eine Müslischale geben und knapp mit Wasser bedecken, umrühren, mit einem Tuch oder Teller abdecken und bis zum Morgen stehen lassen. Am Morgen vom Apfel Stiel und Blüte entfernen, nach Belieben in Stücke schneiden oder raffeln, gleich mit Zitronensaft beträufeln. Banane schälen und in dünne Scheiben schneiden. Apfel und Banane unter den Getreideschrot heben, nach Belieben mit Honig süßen. Sahne dazugeben und Haselnüsse darüberstreuen. Anstelle von Nüssen oder Mandeln kann man auch grob gehackte Sonnenblumenkerne, Cashewnüsse oder geschroteten Leinsamen verwenden. Statt Sahne sind auch Variationen mit Joghurt oder Quark denkbar.

Tropical Müsli

2 Orangen, 1 Banane, 2 Kiwi, 1 Sternfrucht
12 EL Dreikornflocken, 2 EL Kokosflocken
160 g Pecannüsse oder Mandeln
300 g Quark, 300 g Joghurt, 4 EL Honig
Saft einer Zitrone und einer Orange

Orangen schälen, auch die weiße Haut entfernen, Filets herausschneiden. Banane und Kiwis schälen und in Scheiben schneiden. Sternfrucht ebenfalls in Scheiben schneiden. Quark und Joghurt mit beiden Säften verrühren. Pecannüsse vierteln bzw. Mandeln überbrühen, abziehen und halbieren. Flocken und Nüsse auf 4 Müslischalen verteilen, Früchte gleichmäßig dazugeben. Quarkcreme obendrauf setzen und servieren.

Haferflockenmüsli mit Beeren

75 g Haferflocken
1/8 l Milch
500 g gemischte Beeren der Saison (auch TK-Beeren)
1 EL Zucker
200 g Buttermilch oder Joghurt
Honig nach Belieben
100 g Sesamsamen

Haferflocken mit der Milch begießen und zugedeckt etwa 1 Stunde im Kühlschrank quellen lassen. Beeren waschen und trockentupfen, TK-Beeren am besten schon über Nacht auftauen. Brombeeren und Himbeeren ganz lassen, Erdbeeren halbieren oder vierteln. Beeren mit dem Zucker mischen und etwas durchziehen lassen. Mit der Buttermilch und den Haferflocken mischen und nach Wunsch mit Honig süßen. Sesamsamen in einer Pfanne ohne Fett anrösten, über das Müsli streuen und sofort servieren.

Nußzopf

Für den Hefeteig:

500 g Mehl
¼ l Milch
40 g Hefe
50 g Zucker, 1 Prise Salz
2 Eier, 50 g Butter

Für die Füllung:

300 g grob gehackte Haselnußkerne
50 g grob gehackte Walnußkerne
50 g Semmelbrösel
100 g Zucker
⅛ l Rum

Für die Glasur:

100 g Puderzucker
2 EL Wasser

Alle Zutaten für den Hefeteig sollten Zimmertemperatur haben. Mehl in eine große Rührschüssel sieben. Milch in einem Stieltopf erwärmen, Hefe in die lauwarme Milch bröckeln, 4 EL Mehl dazugeben und zu einem dicken Brei rühren, eine Prise Zucker hinzufügen, mit einem Tuch bedeckt 30 Minuten gehen lassen.

Mehl mit Zucker und Salz mischen, eine Mulde in die Mitte drücken und die Eier hineingleiten lassen. Butter in Flöckchen dazugeben, Hefebrei dazugeben. Alles rasch zu einem glatten Teig verarbeiten. Mit einem Tuch bedeckt 2–3 Stunden gehen lassen.

In der Zwischenzeit alle Zutaten für die Füllung mischen, ziehen lassen. Hefeteig noch einmal kräftig durchkneten, dann auf einer bemehlten Arbeitsfläche 25 x 30 cm groß ausrollen. Die Füllung darauf verstreichen. Den Teig aufrollen und auf ein Blech setzen. Die Oberfläche mit einem Messer in Zickzackform einschneiden. Eine weitere Stunde zugedeckt gehen lassen. Erst dann bei 180 Grad im Backofen 45 Minuten backen. Zopf auskühlen lassen. Puderzucker mit Wasser glattrühren und den Zopf damit bestreichen.

Orangengrütze mit Mandelkrokant

8 Orangen

1 kleine Ananas

160 g Zucker

2 EL Speisestärke

1 Msp. Ingwerpulver

300 ml Schlagsahne

100 g Mandeln

etwas Öl

Mandeln überbrühen, abziehen und hacken. Eine Orange auspressen, die übrigen Orangen schälen, filetieren. Saft auffangen. Filets quer halbieren. Ananas schälen, Fruchtfleisch ablösen, würfeln. Orangensaft mit etwa 80 g Zucker und der Stärke verrühren, aufkochen lassen. Ingwer hineinrühren, Fruchtstücke hineinlegen, abkühlen lassen.

Restlichen Zucker in einer beschichteten Pfanne mit 50 g Sahne schmelzen, Mandeln hineinrühren, leicht bräunen. Krokantmasse auf ein mit Öl bepinseltes Stück Alufolie geben, abkühlen lassen, mit einem Wellholz zerkleinern. Restliche Sahne halbsteif schlagen. Grütze mit Sahne und Krokant servieren.

Mandel-Zimt-Croissants

Für 16 Stück:

250 g Weizen(vollkorn)mehl

½ TL Salz

2 EL Zimt

250 g Butter

200 g Mandelblättchen

1 EL Rosenwasser (ersatzweise Orangenwasser)

2 EL Honig

3 EL Ahornsirup

1 Eiweiß

Mehl und Salz mischen. Die möglichst kalte Butter in Flöckchen dazugeben und locker mit dem Mehl mischen. ⅛ l kaltes Wasser unterkneten. 3 cm dick ausrollen. Mit Folie bedeckt eine Stunde kalt stellen. In der Zwischenzeit Zimt, 100 g Mandelblättchen, Rosenwasser, Honig und Eiweiß fein pürieren und beiseite stellen.

Teig auf 45 x 30 cm ausrollen. Mit 1 EL Ahornsirup bestreichen. Von links und rechts je ein Drittel des Teigs über die Mitte zusammenklappen, 5 Minuten ruhen lassen, dann mit der Längsseite parallel zum Brett drehen und wieder auf 45 x 30 cm ausrollen. Diesen Vorgang zweimal wiederholen, dann den Teig 15 Minuten kalt stellen, zuletzt auf 50 x 35 cm ausrollen und in 8 Rechtecke teilen. Backofen auf 200 Grad vorheizen.

Die Rechtecke diagonal teilen, mit Mandelmus bestreichen, mit restlichen Mandelblättchen bestreuen, zu Hörnchen aufrollen und formen. Mit Wasser bepinseln und auf ein kalt abgespültes Brett setzen. Auf der 2. Einschubleiste von oben 20 – 25 Minuten backen und lauwarm servieren.

Zwetschgenmus mit frischen Walnußkernen

1500 g Zwetschgen

300 g brauner Kandiszucker

2 Zimtstangen

500 g Holunderbeeren

375 g frische Walnußkerne

Die Zwetschgen waschen, gut abtropfen lassen, entsteinen. Zwetschgen in einen Topf geben und bei milder Hitze unter Rühren erhitzen, bis Saft austritt. Zwetschgen in eine Saftpfanne geben, Kandiszucker und Zimtstangen dazugeben, Saftpfanne in den Backofen schieben, bei 175 Grad langsam einkochen lassen, immer wieder umrühren. In der Zwischenzeit die Holunderbeeren waschen, gut abtropfen lassen, von den Stielen zupfen. Von den Walnußkernen die gelbbraunen Häutchen entfernen. Holunderbeeren und Walnußkerne zu dem Mus geben und unter häufigem Rühren dick einkochen lassen. Zimtstangen herausnehmen. Das fertige Mus in heiß ausgespülte Gläser füllen, sofort verschließen.

Erdbeer-Ananas-Konfitüre mit Kokosnuß

700 g Erdbeeren
400 g frische Ananas
2 Limetten
100 g Kokosraspel
500 g Gelierzucker extra
2 cl weißer Rum

Erdbeeren in einem Sieb gründlich abbrausen, putzen. Ananasfleisch in Stücke schneiden. Beides grob hacken. Limetten auspressen. Kokosraspel pürieren. Erdbeeren und Ananas mit Limettensaft und Gelierzucker in einem Topf mischen, zum Kochen bringen, 3 Minuten kochen lassen, Kokosmus und Rum hinzufügen. Konfitüre mit einem Schaumlöffel abschäumen. Topf vom Herd ziehen und die Konfitüre in heiß ausgespülte Gläser füllen. Sofort verschließen. Falls Kinder mitessen, kann man den Rum auch weglassen.

Pfirsichkonfitüre mit Mandelblättchen

1,3 kg Pfirsiche oder Nektarinen (ergibt 1 kg geputzt)
Saft einer Zitrone
500 g Gelierzucker extra
1 Zimtstange
4 EL Mandelblättchen

Pfirsiche oder Nektarinen überbrühen, häuten und entsteinen. Ein Drittel der Früchte mit dem Zitronensaft beträufeln und pürieren, restliche Früchte möglichst klein würfeln.

Mandelblättchen fein hacken. Früchte mit dem Gelierzucker und der Zimtstange in einen großen Topf geben, zum Kochen bringen und 3 Minuten kochen lassen. Mandelblättchen hinzufügen. Konfitüre mit einem Schaumlöffel abschäumen, von der Platte ziehen und gleich in heiß ausgespülte Gläser füllen. Sofort verschließen.

Diese Konfitüre kann man ebenso mit Pflaumen, Aprikosen oder Erdbeeren zubereiten. Bei Erdbeeren verzichtet man auf die Zimtstange.

Weintraubenkonfitüre mit Pecannüssen

1 kg kernlose weiße oder blaue Trauben

750 g Einmachzucker

2 unbehandelte Zitronen in dünnen Scheiben

100 g Pecannüsse

75 g Weinbrand

Trauben von den Stielen zupfen, kurz waschen und trockentupfen, zusammen mit Einmachzucker und Zitronenscheiben zugedeckt einige Stunden im Saft ziehen lassen. Aufkochen, bei mäßiger Hitze 90 Minuten köcheln lassen, häufig umrühren, vom Herd nehmen und noch einige Minuten stehen lassen. Nüsse in einer Pfanne ohne Fett leicht anrösten, nach Belieben ganz lassen oder grob hacken. Zum Schluß Nüsse und Weinbrand unterziehen, Konfitüre in heiß ausgespülte Gläser füllen und gleich verschließen.

Knuspriges Nußbrot

500 g Weizenmehl
½ Pck. Trockenhefe
1 TL Honig
400 ml lauwarmes Wasser
200 g ungesalzene Nüsse (je nach Vorliebe gemischt: Haselnüsse, Walnüsse, Mandeln, Paranüsse, Cashewnüsse)
½ Pck. Natursauerteig (80 g)
2 gestr. TL Salz
Mehl für die Arbeitsfläche

Weizenmehl in eine Schüssel sieben, in die Mitte eine Mulde drücken und die Hefe hineinstreuen. Honig mit der Hälfte des Wassers verrühren und in die Mehlmulde gießen. Vorteig mit einem Tuch abdecken, etwa 20 Minuten gehen lassen. In der Zwischenzeit die Nüsse fein hacken.

Sauerteig durchkneten, kleinschneiden und zum Vorteig geben. Restliches Wasser mit dem Salz verrühren und darübergießen. Mit dem Knethaken des elektrischen Handrührgerätes zu einem Teig verarbeiten. Zuletzt die Nüsse unterkneten. Teig mit einem Tuch abdecken und an einem warmen Ort etwa 30 Minuten ruhen lassen.

Teig auf einer bemehlten Arbeitsfläche kräftig durchkneten. Eine Backform (Kastenform mit 2 l Inhalt) einfetten, mit Mehl bestäuben, den Teig hineinfüllen, mit einem Tuch bedeckt nochmals 10 Minuten gehen lassen. Backofen auf 200 Grad vorheizen. Teigoberfläche mit etwas Wasser bestreichen, auf der mittleren Schiene ca. 50 Minuten backen. Auskühlen lassen und z. B. mit Kräuterquark servieren.

Weizenvollkornbrot mit Sonnenblumenkernen

Für 2 Brote:

500 g Weizenvollkornmehl, 250 g Weizenmehl

75 g Weizen- oder Haferkleie

1 Würfel (42 g) frische Hefe

200 ml lauwarmes Wasser

¼ l lauwarme Buttermilch

1 EL Salz, 125 g Sonnenblumenkerne

⅛ l heiße Milch, etwas Milch zum Bepinseln

Weizenvollkornmehl sieben, mit dem Weizenmehl und der Kleie in einer großen Schüssel mischen. In die Mitte eine Mulde drücken. Hefe zerbröckeln, mit dem Wasser glattrühren und in die Mulde gießen. Mit etwas Mehl vom Rand zu einem dickflüssigen Vorteig verrühren. Etwas Mehl darüberstreuen und bei Zimmertemperatur zugedeckt gehen lassen, bis das Mehl Risse bekommt. Buttermilch und Salz hinzufügen, alles zu einem glatten, geschmeidigen Teig verarbeiten. Teig so lange kneten und schlagen, bis er gleichmäßige Blasen aufwirft. Bei Zimmertemperatur zugedeckt gehen lassen, bis er sein Volumen verdoppelt hat.

Backofen auf 220 Grad vorheizen. 75 g Sonnenblumenkerne mit der heißen Milch begießen und 30 Minuten quellen lassen. Gut abgetropft unter den Teig kneten. Teig halbieren und 2 runde Laibe formen, mit etwas Milch bepinseln und kreuzweise, nicht zu tief einschneiden. Mit den restlichen Sonnenblumenkernen bestreuen. Auf ein mit Mehl bestäubtes Backblech legen und nochmals gehen lassen.

Im Backofen auf der untersten Schiene 20 Minuten backen, dazu ein feuerfestes Förmchen mit etwas Wasser in den Ofen stellen. Dann die Temperatur auf 180 Grad reduzieren und die Brote noch 30 Minuten weiterbacken. Auskühlen lassen.

Kernige Brötchen

Für 12 Brötchen:

175 ml Milch

10 g frische Hefe

50 g Zucker

530 g Mehl

1 unbehandelte Zitrone

2 Eier, 1 Eigelb

Salz

100 g Butter

Mohn, Sesam, Sonnenblumenkerne, Kürbiskerne, grobes Salz zum Bestreuen

60 ml lauwarme Milch mit der zerbröckelten Hefe, 10 g Zucker und 30 g Mehl in einer Tasse verrühren. Zugedeckt 10 Minuten gehen lassen. In der Zwischenzeit die Zitronenschale fein abreiben. Das restliche Mehl in eine Schüssel geben, in die Mitte eine Mulde drücken. Eier und ein halbes Eigelb, den restlichen Zucker, 1 Prise Salz, die Zitronenschale und die weiche Butter in Stücken auf dem Mehlrand verteilen.

Die restliche Milch lauwarm werden lassen und mit dem Vorteig in die Mulde geben. Alles von der Mitte aus zu einem glatten Teig verarbeiten. Arbeitsfläche mit Mehl bestäuben, den Teig darauf so lange kneten, bis er glatt und elastisch ist. Zu einer Kugel formen und zugedeckt an einem warmen Ort ca. 20 Minuten gehen lassen.

Inzwischen eine Saftpfanne oder entsprechend große Auflaufformen gut einfetten. Den Teig noch einmal durchkneten, zu einer Rolle formen und nochmals 10 Minuten gehen lassen. Teigrolle in 12 gleichgroße Stücke schneiden, zu Brötchen formen und in die gefettete Form setzen. 2–3 cm Abstand zwischen den einzelnen Brötchen lassen. Noch einmal 5 Minuten gehen lassen.

Backofen auf 200 Grad vorheizen. Das restliche halbe Eigelb mit wenig Wasser glattrühren, die Brötchen damit bestreichen und nach Belieben mit Kernen und Salz bestreuen. Auf der zweiten Einschubleiste von unten ca. 25 Minuten backen und möglichst warm servieren.

Gewürztes Kürbiskernbrot

100 g Kürbiskerne

1 Pck. Brotbackmischung für ein Vollkornbrot

½ TL Kardamom

2 Msp. Nelken

½ TL Koriander

365 ml lauwarmes Wasser

1 EL Kürbiskerne zum Bestreuen

Kürbiskerne in einer Pfanne ohne Fett anrösten. Ganz lassen oder nach Belieben hacken. Backmischung und die in der Packung enthaltene Trockenhefe mit den Kürbiskernen und Gewürzen in einer Schüssel mischen. 365 ml lauwarmes Wasser darübergießen. Mit den Knethaken des Handrührgeräts einen geschmeidigen Teig herstellen, mit einem Tuch abdecken und an einem warmen Ort 30 Minuten gehen lassen. Teig auf einer bemehlten Arbeitsfläche kurz durchkneten und zu einem runden Laib formen. Laib mit einem Tuch abdecken und nochmals 30 Minuten gehen lassen. Backofen auf 250 Grad vorheizen.

Laib mit Kürbiskernen bestreuen, etwas andrücken, auf ein gefettetes Backblech setzen und auf der untersten Schiene im Backofen ca. 20 Minuten backen. Dann die Temperatur auf 175 Grad herunterschalten und das Brot noch 55 Minuten weiterbacken. Auskühlen lassen.

Apfelbrot mit Pflaumen

150 g getrocknete Äpfel
500 g Weizenvollkornmehl
40 g Hefe
100 g Zucker, 1 Prise Salz
1 Ei
1 TL Anispulver, 1 TL Ingwerpulver
250 g Trockenpflaumen (ohne Stein)
200 g Haselnußkerne
1 Eigelb
Anis zum Bestreuen

Äpfel in ½ l Wasser 10 Minuten bei milder Hitze zugedeckt kochen, in ein Sieb gießen, Sud auffangen. 300 g Mehl in eine Schüssel geben, eine Mulde in die Mitte drücken, 25 g Hefe zerbröckeln, in ⅛ l lauwarmem Apfelsud auflösen, in die Mehlmulde gießen. Mit etwas Mehl mischen. Zucker (bis auf 1 EL) mit Ei, Salz, Anis und Ingwer verrühren, zum Mehl geben und zu einem Teig verkneten. Zugedeckt ca. 20 Minuten an einem warmen Ort gehen lassen. Restliche Hefe und 1 EL Zucker in ⅛ l warmem Wasser auflösen und mit dem restlichen Mehl verkneten, zugedeckt 20 Minuten gehen lassen. Äpfel und Pflaumen grob zerkleinern. Backofen auf 200 Grad vorheizen. Früchte und Nüsse unter den ersten Teig kneten und wieder zugedeckt 10 Minuten gehen lassen. Den zweiten Teig kurz durchkneten, ein kleines Stück abnehmen, ausrollen und einen Apfel ausschneiden, den Rest des Teigs ausrollen, locker über den zur Kugel geformten Anisteig legen und die Ränder unterschlagen. Den Laib auf ein Backblech setzen. Eigelb mit ½ EL Wasser verquirlen, die Oberfläche damit einpinseln und mit dem ganzen Anis bestreuen. Teigapfel aufkleben und ebenfalls bepinseln. Auf der 2. Einschubleiste von unten ca. 40 Minuten goldbraun backen.

Mandel-Waffeln

Für 8 Stück:
200 g Butter
150 g Zucker
1 Pck. Vanillezucker
Salz
3 Eier
100 g Mehl
100 g Speisestärke
½ TL Backpulver
5 EL gemahlene Mandeln
125 ml Sahne
etwas Öl
Puderzucker
100 g Orangen-Marmelade
100 g Vier-Frucht-Konfitüre

Butter mit Zucker, Vanillezucker und 1 Prise Salz schaumig rühren. Eier trennen und Eigelb zugeben. Mehl, Speisestärke, Backpulver und Mandeln vermischen und abwechselnd mit der Sahne unterrühren. Eiweiß steif schlagen und vorsichtig unterheben. Waffeleisen erhitzen, mit Öl einstreichen, mit Teig füllen und nacheinander 8 Waffeln ausbacken. Auf einem Kuchengitter auskühlen lassen, mit Puderzucker bestäuben und mit Marmelade servieren.

Vorspeisen und Suppen, mit Nüssen verfeinert

Kernige Hörnchen mit zwei Dips

Für 6 Personen:
750 g Magerquark
½ l Milch
150 ml Öl
Salz, Pfeffer
500 g Mehl
1 Pck. Backpulver
50 g Sonnenblumenkerne
1 Eigelb
1 grüne und 1 rote Paprikaschote
2 Zwiebeln
Paprikapulver, edelsüß
1 Bund Basilikum
2 Stengel Thymian
2 Bund frischer Kerbel
1 Bund Schnittlauch
2 TL Zitronensaft

Backofen auf 200 Grad vorheizen. 250 g Quark, ¼ l Milch, Öl und ½ TL Salz verrühren, Mehl und Backpulver unterkneten. Teig auf etwas Mehl ½ cm dick ausrollen. 12 Dreiecke ausschneiden und die Dreiecke in die Sonnenblumenkerne drücken. Von der Längsseite aufrollen. Mit Eigelb bestreichen. Im Backofen 20 Minuten backen.

Paprika putzen, waschen, halbieren, Kerne und weiße Innenhaut entfernen, je eine Hälfte würfeln. Zwiebeln schälen und hacken. Den restlichen Quark nochmals halbieren, unter die eine Hälfte die restliche Milch, Zwiebel- und Paprikawürfel rühren. Mit Salz, Pfeffer und Paprika abschmekken. Für den zweiten Dip Kräuter waschen, fein schneiden und unter den restlichen Quark mischen. Mit Salz, Pfeffer und Zitronensaft würzen. Abschließend die Dips in die Paprikahälften füllen und zu den Hörnchen reichen.

Käsetaler

(40 Stück)

125 g Emmentaler
150 g Mehl
1 Prise Salz
100 g Butter
1 Eigelb
1 TL Milch
15 Mandelhälften
1 TL Kümmel
2 TL Mohn

Käse fein reiben. Mehl und Käse vermischen, auf eine Arbeitsfläche legen. Salz und die kalte Butter in Flöckchen daraufgeben. Schnell zu einem glatten Teig kneten. In Folie wickeln und ca. 30 Minuten im Kühlschrank ruhen lassen. Nochmal durchkneten. Auf der leicht mit Mehl bestreuten Arbeitsfläche etwa 3–4 mm dick ausrollen und runde Plätzchen (ca. 5 cm Durchmesser) ausstechen. Backblech mit Backpapier belegen und die Plätzchen daraufsetzen. Eigelb mit der Milch verquirlen, Plätzchen damit bestreichen, mit Mandeln, Mohn und Kümmel garnieren. Bei 200 Grad im Backofen ca. 12 Minuten backen.

Glasierte Apfelscheiben mit Edelpilzkäse

4 große Äpfel
50 g Butter
2 EL Honig
1 Prise Koriander, Pfeffer
150 g Edelpilzkäse
50 g halbierte Walnußkerne
100 g Feldsalat

Äpfel waschen, Kerngehäuse entfernen und längs in Scheiben schneiden. Butter in einer Pfanne zergehen lassen, Honig und Koriander dazugeben, unter Rühren erhitzen. Apfelscheiben nebeneinander in die Pfanne legen, bei mittlerer Hitze ca. 5 Minuten dünsten, mit Pfeffer bestreuen. Feldsalat putzen und waschen. Apfelscheiben auf 4 Teller verteilen, Käse in Scheiben dazulegen, Walnußhälften auf den Käse legen, mit Feldsalat garniert servieren.

Chili-Käsebällchen

200 g Erdnußkerne, geröstet und gesalzen
1 Knoblauchzehe
200 g Doppelrahmfrischkäse
1 TL Worcestersauce
1 TL Chilipulver, 1 EL Paprikapulver, edelsüß
Petersilie zum Garnieren

Erdnüsse so fein wie möglich mahlen. Knoblauch schälen und durch die Presse drücken. Frischkäse, möglichst in Zimmertemperatur, mit Knoblauch und Nüssen vermischen, mit

Worcestersauce abschmecken. Mit einem Teelöffel 24 Portionen abstechen und zu Kugeln formen. Zugedeckt ca. 1 Stunde kalt stellen. Chili- und Paprikapulver mischen, die Kugeln damit bestäuben, auf einer Platte anrichten und mit Petersilie garnieren.

Auberginencreme zu Schinkentoast

2 Auberginen

1 EL Öl

⅛ l Weißwein

Salz

100 g Haselnußkerne

50 g Sultaninen

1 Becher Crème fraîche

Cayennepfeffer

8 Scheiben Toast

8 Scheiben gekochter Schinken (oder Roastbeef)

Auberginen schälen und würfeln, in heißem Öl andünsten, Wein und Salz zugeben, zugedeckt 20 Minuten bei geringer Hitzezufuhr dünsten. Haselnüsse grob hacken und in einer Pfanne ohne Fett rösten. Sultaninen in warmem Wasser quellen lassen. Auberginen pürieren, mit Crème fraîche, Sultaninen, Nüssen mischen. Mit Salz und Cayennepfeffer abschmecken. Auf Portionsteller je 2 Scheiben Toast und 2 Scheiben Schinken anrichten und Auberginencreme dazugeben.

Gefüllte Avocado

1 Hähnchenschenkel von ca. 200 g
Salz, Pfeffer, 1 Prise Cayennepfeffer
1 EL Olivenöl
100 g Walnußkerne
1 Zwiebel, 1 Knoblauchzehe
2 EL Zitronensaft
1 EL flüssiger Honig
3 EL Sojasauce
2 EL Weißwein
2 reife Avocados
100 g Kefir oder Dickmilch
1 Bund Petersilie
4 Walnußhälften

Hähnchenschenkel mit Salz, Pfeffer und Cayennepfeffer einreiben. Öl in einer Pfanne erhitzen und den Schenkel darin knusprig anbraten. In der Zwischenzeit die Walnüsse fein hacken. Zwiebel und Knoblauch schälen und fein hacken, zum Huhn geben und glasig dünsten. Walnüsse, 1 EL Zitronensaft, Honig, Sojasauce und Weißwein dazugeben und den Hähnchenschenkel zugedeckt ca. 20 Minuten schmoren, dann abkühlen lassen.

Avocados halbieren, Kerne herausnehmen, Fruchtfleisch mit einem Teelöffel herauslösen und würfeln, gleich mit dem restlichen Zitronensaft beträufeln, mit dem Kefir mischen. Hühnerfleisch vom Knochen lösen, mit der Haut in kleine Stücke schneiden. Fleischstücke mit der Schmorflüssigkeit mischen.

Petersilie waschen, trockentupfen, Stiele entfernen und fein hacken, dann mit dem Hühnerfleisch unter die Avocadowürfel mischen. Masse mit Salz und Pfeffer abschmecken, in die ausgehöhlten Avocadohälften füllen, je eine Walnußhälfte daraufstecken und servieren.

Joghurt-Knoblauch-Creme mit Haselnüssen

2 Knoblauchzehen
1 Bund Schnittlauch
einige Blättchen Zitronenmelisse
100 g Haselnußkerne
250 g Sahnejoghurt
1 TL Essig
1 TL Olivenöl
Salz
Pfeffer
1 Prise Kreuzkümmel

Knoblauch schälen und durch die Presse drücken. Schnittlauch waschen, trockentupfen und in feine Röllchen schneiden. Zitronenmelisse ebenfalls waschen, trockentupfen und in dünne Streifen schneiden. Haselnüsse fein zerkleinern und in einer Pfanne ohne Fett unter Rühren einige Minuten rösten, abkühlen lassen. Joghurt mit einem Schneebesen cremig rühren. Knoblauch, Essig und Öl unterschlagen. Creme mit Salz, Pfeffer und Kreuzkümmel pikant abschmekken, in eine Schüssel füllen und mit Schnittlauch, Melisse und Haselnüssen bestreuen.

Eingelegter Schafskäse mit Walnüssen

1 Schalotte
2 Knoblauchzehen
einige Zweige frischer Thymian
einige Rosmarinnadeln
2 TL scharfer Senf
1 EL Balsamico
1 EL Cognac
Pfeffer
6 EL Olivenöl
300 g milder Schafskäse
100 g Walnußkerne
Salz

Schalotte und Knoblauchzehen schälen und sehr fein hacken. Thymian und Rosmarin waschen und trockenschwenken. Thymianblättchen von den Stielen streifen und zusammen mit den Rosmarinnadeln fein hacken. Senf mit Schalotte, Knoblauch, Kräutern, Essig, Cognac und Pfeffer verrühren. Olivenöl teelöffelweise unterschlagen. Schafskäse in kleine Würfel schneiden. Walnußkerne fein zerkleinern. Nüsse und Schafskäse in einer Schüssel mit der Marinade mischen und zugedeckt bei Zimmertemperatur etwa 2 Stunden durchziehen lassen. Dann noch einmal vorsichtig durchmischen und eventuell mit Salz abschmecken.

Petersilienwurzelsuppe mit Walnüssen

Für 6 Personen:

250 g Petersilienwurzel

50 g Schalotten

4 innere Stangen vom Staudensellerie (ca. 100 g)

30 g Butter

1 EL Speisestärke

400 ml Gemüsebrühe

Salz

Pfeffer

Muskat

50 g Walnußkerne

1/8 l Schlagsahne

1/2 Beet Kresse

Petersilienwurzel schälen und schräg in dünne Scheiben schneiden. Schalotten abziehen und sehr fein würfeln. Staudensellerie in dünne Scheiben schneiden, Grün beiseite legen. Das vorbereitete Gemüse in der Butter andünsten, mit Speisestärke bestäuben, unter Rühren andünsten. Gemüsebrühe dazugeben, kräftig rühren. Zugedeckt bei milder Hitze ca. 20 Minuten leise garen, mit Salz, Pfeffer und Muskat würzen.

In der Zwischenzeit die Walnüsse längs vierteln und in einer Pfanne ohne Fett unter Wenden rösten. Sahne steif schlagen, Grün des Staudensellerie fein zerzupfen. Kresse vom Beet schneiden. Sahne und Selleriegrün locker unter die Suppe mischen, auf vorgewärmte Teller gießen. Mit Kresse und Nüssen garniert servieren.

Kartoffel-Kokos-Suppe

100 g TK-Blattspinat
600 g mehligkochende Kartoffeln
2 Zwiebeln
4 EL Öl
800 ml heiße Hühnerbrühe
2 Limetten
2 rote Chilischoten
1 walnußgroßes Stück Ingwer
100 g Crème fraîche
150 g Kokosraspel
12 mittelgroße Garnelen
Salz, Pfeffer, 1 Prise Zucker

Spinat auftauen lassen. Kartoffeln waschen, schälen, klein würfeln. Zwiebeln abziehen, fein würfeln. 2 EL Öl in einem hohen Topf erhitzen, Zwiebeln und Kartoffeln darin andünsten, mit Hühnerbrühe aufgießen, 25 Minuten köcheln lassen. Limetten waschen, trockenreiben, Schale fein abreiben, Saft auspressen. Chilischoten waschen, in feine Ringe schneiden, dabei die Kerne entfernen. Ingwer schälen, sehr fein würfeln. Spinat grob hacken. Kokosraspel pürieren und mit jeweils der Hälfte des Limettensaftes, der Schale und der Chiliringe mischen.

Garnelen am Rücken einritzen, Darm entfernen, abwaschen und trockentupfen. Im übrigen Öl bei mittlerer Hitze anbraten, herausnehmen. Ingwer im Pfannenfett anrösten, zur Kokoscreme geben. Kartoffelsuppe durch ein Sieb streichen, wieder in den Topf geben. Kokoscreme und Crème fraîche hineinrühren. Aufkochen lassen, mit Salz, Pfeffer, Zucker, restlicher Limettenschale und -saft abschmecken. Garnelen und Spinat hinzufügen und kurz erhitzen. Mit Chiliringen bestreut servieren.

Möhrencremesuppe

750 g Möhren
40 g Butter
1 l Gemüsebrühe
50 g Kürbiskerne
Salz
Pfeffer
1 EL Cognac
4 Scheiben Baguette
100 g Roquefort

Möhren waschen und schälen. 100 g davon in hauchdünne Scheiben schneiden und beiseite stellen. Den Rest grob würfeln und in 20 g Butter 3 Minuten dünsten. Brühe angießen, zugedeckt 10 Minuten kochen lassen. In der Zwischenzeit die Kürbiskerne grob hacken und in einer Pfanne ohne Fett rösten. Suppe pürieren. Möhrenscheiben in der restlichen Butter 3 Minuten dünsten. Suppe mit Salz, Pfeffer und Cognac würzen. Baguettescheiben goldgelb rösten, mit Roquefort bestreichen. Je nach Größe halbieren oder vierteln. Die Suppe in Suppentassen füllen. Roquefortcroûtons und die Möhrenscheiben hineinsetzen, mit Kürbiskernen bestreut servieren.

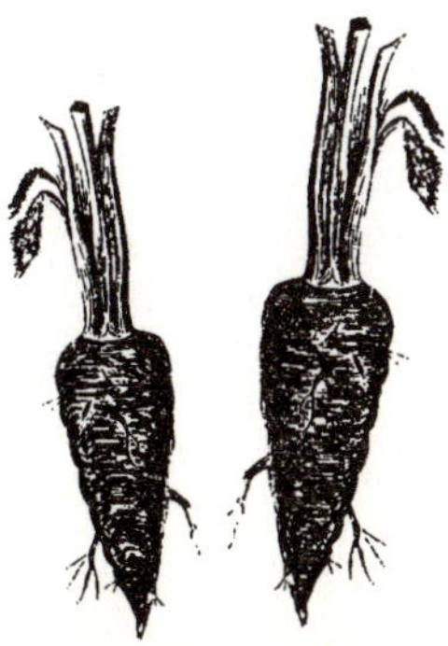

Kokos-Limetten-Suppe mit Zuckerschoten und Erbsen

150 g Zuckerschoten
500 g Erbsenschoten
100 g Schalotten
1 rote Chilischote
1 Limette
1 grüner Apfel
300 g Kokosraspel
4 EL Sesamöl
100 ml Weißwein
450 ml Sahne
Salz
Cayennepfeffer
8 Blätter Zitronenmelisse

Zuckerschoten abfädeln und schräg halbieren. Erbsen auslösen. Schalotten pellen und fein würfeln. Chilischote putzen, entkernen, fein würfeln. Limette gründlich waschen, Schale abreiben und 2 EL Saft auspressen. Apfel schälen, vierteln, Kerngehäuse entfernen, quer in dünne Scheiben schneiden und mit Limettensaft beträufeln. Kokosraspel fein pürieren. Schalotten, Zuckerschoten, Erbsen und Chiliwürfel in einem Topf mit dem Sesamöl andünsten. Wein dazugießen und 3 Minuten leise kochen lassen. Kokospüree und Sahne dazugeben. Mit Salz und Cayennepfeffer würzen und weitere 5 Minuten köcheln lassen. Melisseblättchen in feine Streifen schneiden, mit den Apfelscheiben und der Limettenschale zur Suppe geben, nochmals kurz aufkochen lassen und servieren.

Exotische Gemüsesuppe

100 g kleine frische Shiitake-Pilze (ersatzweise 40 g getrocknete)
400 g Möhren
100 g Schalotten
1 Knoblauchzehe
2 Stangen Zitronengras (Asien-Laden)
2 EL Erdnußöl
500 ml Orangensaft
400 ml Geflügelfond
150 g Erdnüsse
Salz, Cayennepfeffer
½ TL Paprikapulver, edelsüß
1 Bund Schnittlauch

Von den Pilzen die Stiele abschneiden. Möhren waschen und putzen, zwei Drittel fein würfeln. Schalotten und Knoblauch pellen, fein würfeln. Zitronengras in feine Stücke schneiden. Gewürfelte Möhren, Pilzstiele, Schalotten, Knoblauch und Zitronengras im Erdnußöl bei mittlerer Hitze etwa 5 Minuten andünsten. Mit Orangensaft und Geflügelfond auffüllen und im geschlossenen Topf etwa 30 Minuten bei mittlerer Hitze kochen. In den letzten 10 Minuten die restlichen ganzen Möhren mitkochen, dann herausnehmen, etwas abkühlen lassen und in dünne Scheiben schneiden. Die Schirme der Shiitake-Pilze vierteln. Erdnüsse grob hacken und 3 Minuten rösten. 2 EL davon beiseite stellen, den Rest pürieren.

Suppe etwas auskühlen lassen, fein pürieren und durch ein Sieb passieren. Noch einmal aufkochen lassen, Erdnußpüree und die Pilze dazugeben, weitere 3 Minuten kochen lassen. Zum Schluß die Möhrenscheiben zugeben und die Suppe mit Salz, Cayennepfeffer und Paprikapulver würzen. Schnittlauch waschen, trockentupfen und in Röllchen schneiden, separat dazu servieren.

Spanische Knoblauchsuppe

100 g Mandeln
2 große Knoblauchzehen
10 EL Olivenöl, 3 EL Essig, 1 TL Salz
800 ml Gemüsefond
4 Scheiben Toastbrot

Mandeln grob hacken. Knoblauch schälen, mit den Mandeln und Salz pürieren. Tröpfchenweise 4 EL Olivenöl dazugeben. In einer Schüssel mit Essig und Gemüsefond verrühren, 15 Minuten ziehen lassen, dann durch ein feines Haarsieb streichen und kalt stellen. Toast in Würfel schneiden und im restlichen Öl goldbraun braten. Suppe in Tassen füllen, mit Brotwürfeln bestreut servieren.

Walnußcremesuppe mit frischen Feigen

200 g Walnußkerne
2 Zwiebeln
30 g Butter, 1 EL Mehl
¾ l Kalbsfond
⅛ l Sahne
Pfeffer, Salz, 1 Prise Zucker
einige Tropfen Worcestersauce
einige Tropfen Limettensaft
2 frische Feigen

Walnußkerne grob hacken, Zwiebeln schälen, fein würfeln. Butter in einem Topf erhitzen, Walnüsse und Zwiebeln darin andünsten. Mit Mehl bestäuben und anschwitzen. Kalbsfond und Sahne zugießen, 7 Minuten bei milder Hitze kochen. Suppe pürieren und durch ein Sieb streichen. Mit Pfeffer, Salz, Zucker, Worcestersauce und Limettensaft würzen. Feigen in schmale Scheiben schneiden. Suppe in Teller füllen, mit den Feigenscheiben garniert servieren.

Spinatsuppe mit Nußcroûtons

500 g Blattspinat
1 Zwiebel, 2 Knoblauchzehen
1 EL Butter
¾ l Gemüsebrühe
1 Bund Basilikum
100 g Haselnußkerne
2 EL Olivenöl
Pfeffer, Salz
8 Scheiben Toast
100 g Crème fraîche

Spinat verlesen, in kaltem Wasser mehrmals gründlich waschen und abtropfen lassen. Zwiebel und Knoblauch schälen, sehr fein hacken. Butter in einem Topf erhitzen, Zwiebel und Knoblauch darin glasig dünsten. Spinat dazugeben und kurz miterhitzen, Brühe angießen, zum Kochen bringen, zugedeckt bei mittlerer Hitze ca. 5 Minuten köcheln lassen.

In der Zwischenzeit Basilikum waschen, trockentupfen und ohne die dicken Stiele fein hacken. Haselnüsse grob hacken, mit dem Öl mischen, pfeffern und auf die Brotscheiben streichen. Backofen auf 250 Grad vorheizen und die Brote backen, bis die Nüsse schön gebräunt sind. Crème fraîche unter die Suppe ziehen, mit Salz und Pfeffer abschmecken. Basilikum unter die Suppe mischen und auf vorgewärmten Tellern anrichten. Die Nußcroûtons dazureichen.

Kräutersuppe mit Mandelblättchen

100 g Mandelblättchen
150 g gemischte frische Kräuter (z.B. Kerbel, Petersilie, Zitronenmelisse, Thymian, Salbei und Estragon)
2 Schalotten
2 Knoblauchzehen
2 EL Butter
¾ l Gemüsebrühe
Salz
Pfeffer
125 ml Sahne
2 Eigelb

Mandelblättchen in einer Pfanne ohne Fett bei mittlerer Hitze unter ständigem Wenden goldgelb rösten. Kräuter waschen und trockentupfen. Alle dicken Stiele entfernen, Kräuter fein hacken. Schalotten und Knoblauch pellen, fein hacken. Butter erhitzen, Schalotten und Knoblauch darin glasig dünsten. Kräuter dazugeben, Brühe angießen und zum Kochen bringen, salzen und pfeffern. Sahne mit dem Eigelb verquirlen. Suppe vom Herd nehmen, mit der Sahnemischung binden. Die Suppe darf auf keinen Fall noch kochen, da sonst das Eigelb gerinnt. Suppe auf vorgewärmte Teller verteilen und mit den Mandelblättchen bestreut servieren.

Salatvariationen um Nüsse und Kerne

Feldsalat mit Walnuß-Gorgonzola-Sauce

200 g Staudensellerie
Salz
150 g rote Weintrauben
100 g Feldsalat
2 Tomaten
30 g Walnußkerne
50 g Gorgonzola
125 g Mayonnaise
100 g Joghurt
Pfeffer

Sellerie putzen, waschen und in kleine Stücke schneiden. In kochendem Salzwasser 2 Minuten garen, abgießen, mit kaltem Wasser abschrecken, gut abtropfen lassen. Weintrauben waschen, trockentupfen, halbieren. Feldsalat putzen, waschen, ebenfalls gut abtropfen lassen. Tomaten waschen, in Spalten schneiden. Die Hälfte der Walnüsse grob hacken, Käse fein würfeln. Mayonnaise, Joghurt, Gorgonzola und die Hälfte der gehackten Nüsse vermengen, mit Salz und Pfeffer nach Belieben abschmecken. Feldsalat mit den Weintrauben, Sellerie, Tomaten und den restlichen gehackten Nüssen in einer Schüssel mischen, dann auf Portionstellern anrichten, einen Klecks Gorgonzola-Dip daraufgeben, mit den restlichen Walnüssen garniert servieren.

Lauwarmes Spargelsauté

Für 6 Personen:

6 Rotbarbenfilets
12 Langostinos
12 Stangen grüner Spargel
6 Stangen weißer Spargel
1 Kästchen Kresse
1 Kopf Friséesalat
100 g Pinienkerne
4 EL Olivenöl
7 EL Sojasauce
1 EL Balsamico
Saft einer Orange
Salz
Pfeffer
Zucker

Spargel schälen und in gleichgroße Stücke schneiden. Friséesalat und Kresse putzen und waschen, abtropfen lassen. Fischfilets mit der Hautseite nach unten in 1 EL heißem Olivenöl kurz braten, herausnehmen und warm stellen. Langostinos in derselben Pfanne ebenfalls kurz braten, herausnehmen und warm stellen. Zum Schluß die Pinienkerne kurz in der Pfanne anrösten. Aus 4 EL Sojasauce, Essig, 2 EL Öl und Orangensaft ein Dressing herstellen. Spargelstäbchen in 1 EL Olivenöl kurz anbraten, würzen, mit der restlichen Sojasauce ablöschen, zugedeckt bißfest garen. Zum Servieren den Friséesalat auf 6 Teller verteilen, Spargel darauf anrichten, mit Pinienkernen bestreuen. Fisch und Langostinos dazulegen, mit dem Dressing beträufeln, Kresse darüberstreuen.

Selleriesalat mit Äpfeln und Birnen

1 kleine Knolle Sellerie
1 TL Zitronensaft
3 Äpfel
2 Birnen
100 g Emmentaler
1 Scheibe Vollkorntoast
1 EL Butter
10 Walnußhälften
1 EL (Rotwein-)Essig
3 EL (Walnuß-)Öl
Salz
Pfeffer
1 Prise Zucker

Sellerie schälen und in streichholzlange Streifen schneiden, mit Zitronensaft beträufeln, 30 Minuten stehen lassen. Äpfel und Birnen waschen, vierteln, Kerngehäuse entfernen. Ein Viertel Apfel sehr fein raffeln, den Rest in Scheiben schneiden. Käse würfeln. Walnüsse grob hacken. Toast würfeln und in der Butter knusprig braun rösten. Aus Essig, Öl, Salz, Pfeffer, Zucker und dem fein geriebenen Apfel eine Marinade rühren. Alle Salatzutaten vorsichtig mischen, Marinade darübergeben, Croûtons darüberstreuen und sofort servieren.

Löwenzahnsalat mit Orangenfilets

200 ml Gemüsebrühe
40 g Polentagrieß
Fett für das Blech
60 g Mandeln
6 EL Öl
550 g Löwenzahn
150 g Kirschtomaten
4 Orangen
12 EL Mandelöl
4 EL Essig
Salz, Zucker, Pfeffer
Mehl, Öl zum Fritieren
1 EL frisch geriebener Parmesan

Gemüsebrühe aufkochen, Grieß unter Rühren einrieseln lassen, bei milder Hitze 40 Minuten garen, dabei gelegentlich umrühren. Polenta etwa ½ cm dick auf ein leicht gefettetes Brett streichen. Im Kühlschrank vollständig abkühlen lassen, dann in ½ cm große Würfel schneiden. Mandeln in 1 EL heißem Öl leicht rösten. Löwenzahn putzen, waschen und trockenschleudern, Stiele entfernen und die Blätter in mundgerechte Stücke teilen. Tomaten waschen, putzen, halbieren. Orangen schälen, die weiße Haut möglichst vollständig entfernen und mit einem scharfen Messer die Filets aus den Trennhäuten schneiden, Trennhäute auspressen, Saft auffangen. Restliches Öl, Mandelöl, 8 EL Orangensaft und Essig zu einer Vinaigrette verrühren, mit Salz, Zucker und Pfeffer abschmecken. Salatzutaten mischen und auf einer Platte anrichten. Fritieröl in einer Pfanne auf 180 Grad erhitzen. Polentawürfel leicht in Mehl wälzen, goldgelb fritieren, auf Küchenkrepp abtropfen lassen und in Parmesan wälzen, auf den Salat geben, salzen und pfeffern, mit der Vinaigrette begießen und sofort servieren.

Paprikasalat mit Schafskäse

Für 6 Personen:

4 rote Paprikaschoten

3 gelbe Paprikaschoten

20 g kleine Kapern

2 Knoblauchzehen

60 g Walnußkerne

8 EL Olivenöl

3 Eier

300 g Schafskäse

3 Zweige großblättrige Minze

½ Bund glatte Petersilie

3 EL Zitronensaft

Salz

Pfeffer

Paprikaschoten vierteln, putzen und mit der Hautseite nach oben auf ein Backblech legen. Ca. 6 Minuten unter dem Grill rösten, mit einem feuchten Geschirrtuch bedecken, 10 Minuten stehen lassen, dann die Paprikaviertel häuten. Die gehäuteten Schoten in ca. 1 cm breite Streifen schneiden. Kapern in einem Sieb abbrausen und abtropfen lassen. Knoblauch schälen und durch die Presse drücken. Walnüsse in einer Pfanne mit 2 EL Olivenöl goldbraun rösten, zum Schluß den Knoblauch dazugeben, abkühlen lassen, dann die Walnüsse grob hacken. Eier hart kochen, abschrecken, schälen. Schafskäse in 2 cm große Würfel schneiden, jedes Käsestück in ein Minzeblatt einschlagen. Petersilie grob hacken. Paprikastreifen, Walnüsse, Petersilie und Kapern mit dem restlichen Olivenöl, Zitronensaft, Salz und Pfeffer mischen und auf 6 Tellern anrichten. Eier halbieren, je eine Hälfte und die Käsewürfel zum Salat legen.

Champignonsalat

400 g weiße Champignons
4 Eier
100 g blaue Weintrauben
100 g grüne Weintrauben
50 g Haselnußkerne
1 Orange
150 g Joghurt
100 g Mayonnaise
2 EL Curry
Salz
1 TL Zucker

Champignons trockenreiben, putzen, in Scheiben schneiden. Eier hartkochen, abkühlen lassen, schälen und mit einem Eierschneider sechsteln. Weintrauben waschen, abtrocknen, halbieren und entkernen. Haselnüsse in hauchdünne Blättchen schneiden. Für die Salatsauce Orange auspressen. Joghurt, Mayonnaise, Orangensaft und 1 EL Curry verrühren, mit Curry, Salz und Zucker abschmecken. Alle Zutaten mit der Salatsauce in einer großen Schüssel mischen und servieren.

Möhrensalat mit Peperoni

Für 6 Personen:

500 g Möhren

2 grüne Peperoni

2 EL Olivenöl

1 TL schwarzer Senfsamen

7 getrocknete Curryblätter (indisches Gewürz)

1 EL brauner Zucker

Salz

1 EL Joghurt

1 EL Sauerrahm

2 EL Zitronensaft

50 g Erdnüsse

Möhren schälen, grob raspeln. Peperoni putzen, waschen und quer in dünne Streifen schneiden. Öl in einer großen Pfanne heiß werden lassen, Senfsamen darin anrösten. Peperoni, Curryblätter und Zucker dazugeben, umrühren, bis der Zucker geschmolzen ist. Möhrenstreifchen dazugeben, weitere 3 Minuten braten. In einer Schüssel abkühlen lassen, leicht salzen und in einer flachen Schüssel anrichten. Joghurt, Sauerrahm und Zitronensaft verrühren, leicht salzen und über die Möhren geben. Erdnüsse grob hacken und darüberstreuen.

Bohnensalat mit Erdnußdressing

1 Dose Kidneybohnen (250 g)
1 Dose weiße Bohnen (250 g)
2 Stangen Staudensellerie mit Grün
1 Charantais-Melone
½ Kopf Eisbergsalat
½ TL abgeriebene Zitronen- oder Limettenschale
Saft von einer Orange
1 EL Honig, 100 ml (Erdnuß-)Öl, 2 EL Olivenöl
1 frische Chilischote
100 g Erdnüsse, geröstet und gesalzen
Salz, Pfeffer
150 g roher Schinken
8 eckige Taco-Schalen
1 Bund Petersilie

Bohnen in ein Sieb geben, kalt abbrausen, gut abtropfen lassen. Sellerie mit Grün putzen, waschen, trockenschütteln und die Stangen fein würfeln, Grün hacken. Melone halbieren, Kerne mit einem Löffel entfernen. Hälften vierteln, das Fleisch mit einem Messer von der Schale lösen und mundgerecht würfeln. Vom Eisbergsalat Blätter ablösen, kalt abbrausen, trockenschleudern, in Streifen schneiden. Bohnen, Sellerie mit gehacktem Grün, Melone und die Hälfte des Salats in einer Schüssel mischen.

Für das Dressing Zitronenschale und -saft, Orangensaft, Honig und Öl verrühren. Chilischote halbieren, Kerne entfernen, waschen, dann fein hacken. Erdnüsse fein zerkleinern, alles vermischen und mit Salz und Pfeffer abschmekken. Eventuelle Fettränder vom Schinken abschneiden, in Streifen schneiden, zum Salat geben und das Dressing darübergießen, unterheben. Taco-Schalen mit den restlichen Salatstreifen auskleiden, Bohnensalat hineinfüllen. Petersilie waschen, trockentupfen, fein hacken und darüberstreuen.

Spinatsalat mit Äpfeln und Erdnüssen

200 g junge Spinatblätter
3 Äpfel, 2 Eier
1 Schalotte
5 EL saure Sahne, 2 EL Crème fraîche
Salz, Pfeffer, 1 Prise Curry
5 EL Erdnußkerne

Eier hartkochen, abschrecken, schälen und abkühlen lassen. Spinat gründlich waschen, gut abtropfen lassen, Blätter einzeln abzupfen. Äpfel waschen, vierteln, Kerngehäuse entfernen und in dünne Stifte schneiden. Schalotte schälen und fein würfeln. Eier in kleine Würfel schneiden, Erdnüsse nach Belieben grob zerkleinern oder nur halbieren. Saure Sahne, Crème fraîche, Curry, Salz, Schalottenwürfel und Pfeffer kräftig verrühren. Spinatblätter und Apfelstifte in einer Schüssel mischen, Sauce vorsichtig unterheben. Salat mit Erdnüssen und Eiwürfeln bestreut servieren.

Waldorf-Salat

1 Knolle Sellerie
Saft von 2 Zitronen
Salz, Pfeffer, 1 Prise Zucker
2 EL Sherry-Essig, 3 EL Öl
125 ml Sahne
2 Äpfel, Saft einer Orange
100 g Walnüsse

Sellerieknolle gründlich schälen, dann raspeln und portionsweise mit Zitronensaft beträufeln. Walnüsse grob hacken. Aus Salz, Pfeffer, Zucker, Essig, Öl und Sahne eine Sauce rühren und über den Sellerie geben. Äpfel schälen, halbieren, Kerngehäuse entfernen, raspeln und mit den Walnüssen unter den Salat heben. Orangensaft unterziehen und mindestens 24 Stunden ziehen lassen. Möglicherweise nochmals abschmecken.

Eichblattsalat mit Trauben

Für 6 Personen:

50 g Walnußkerne

250 g weiße und blaue Trauben

1 kleiner Kopf Eichblattsalat

70 g Feldsalat

1 EL Traubenessig

Pfeffer, Salz, 1 Prise Zucker

5 EL Öl

Die Hälfte der Walnüsse grob hacken. Trauben waschen, halbieren und entkernen. Salate waschen, Eichblattsalat zerteilen. Aus Essig, Pfeffer, Salz, Zucker und Öl eine Vinaigrette rühren. Mit einigen großen Blättern Eichblattsalat eine große Schüssel auslegen. Restlichen Eichblattsalat mit Trauben, gehackten Nüssen und der Hälfte der Vinaigrette mischen, auf den Blättern in der Schüssel anrichten. Feldsalat mit der restlichen Vinaigrette mischen, locker auf den Eichblattsalat geben und mit den ganzen Nüssen garnieren.

Meeresfrüchtesalat mit Walnüssen

200 g gekochter Tintenfisch
2 kleine Stauden Chicorée
50 g gekochte Krabben
12 eingelegte Muscheln aus dem Glas
200 g Cocktailtomaten
75 g Walnußkerne
3 EL Öl
1 TL Essig
1 TL Senf
Salz
Pfeffer
frischer Dill

Walnüsse vierteln. Tintenfisch in mundgerechte Stücke schneiden. Vom Chicorée die einzelnen Blätter lösen, Cocktailtomaten halbieren. Meeresfrüchte, Chicoréeblätter, Tomaten und Walnüsse mischen. Aus Öl, Essig und Senf eine Vinaigrette rühren, mit Salz und Pfeffer abschmecken, über den Salat geben. Mit frischem Dill bestreut servieren.

Karibischer Salat

2 Hähnchenbrustfilets
1 kleine Orange
1 EL Orangenlikör
Salz, Pfeffer
2 EL Öl
1 reife Baby-Ananas
2 rosa Grapefruits
3 Tomaten
1 Kopf Lollo rosso, 1 Kopf Lollo bionda

Für das Dressing:
3 EL Kokoscreme
3 EL Kokosraspel
Saft von 2 Zitronen
Salz, Pfeffer
3 EL Crème fraîche
1 Kästchen Kresse

Fleisch kalt abbrausen, trockentupfen und 2 Stunden in einer Marinade aus Orangensaft, Likör, Salz und Pfeffer ziehen lassen. Fleisch aus der Marinade nehmen, abtupfen, pfeffern und in erhitztem Öl auf jeder Seite 5 Minuten braten, herausnehmen, in Streifen schneiden, warm stellen.

Ananas schälen und in mundgerechte Stücke schneiden. Grapefruits schälen und filetieren. Tomaten überbrühen, häuten, halbieren, entkernen und in 2 cm große Rauten schneiden. Salat putzen, waschen, trockenschleudern, in mundgerechte Stücke zupfen.

Für das Dressing Kokoscreme, Kokosraspel und Zitronensaft mit Salz und Pfeffer verrühren, Crème fraîche unterheben. Salat mit Ananas, Grapefruit, Tomaten und Fleisch auf Portionstellern anrichten, je ein Viertel des Dressings dazugeben. Mit Kresse bestreut servieren.

Endiviensalat mit westfälischem Schinken

2 große Kartoffeln
Salz
1 Kopf Endiviensalat
100 g Champignons
100 g Haselnußblättchen
2 EL Butter
8 Scheiben westfälischer Schinken

Für die Vinaigrette:
1 Knoblauchzehe
3 EL Essig
Salz
Pfeffer
3 TL Senf
1 Prise Zucker
6 EL Olivenöl

Kartoffeln waschen, mit der Schale in Salzwasser garen. Salat putzen, dicke Blattansätze entfernen, waschen, trokkenschleudern und in schmale Streifen schneiden. Pilze abreiben, blättrig schneiden und zusammen mit den Haselnußblättchen in der Butter goldbraun braten. Auf Küchenkrepp abtropfen lassen. Kartoffeln schälen und in Scheiben schneiden.

Für die Vinaigrette Knoblauch schälen, durch die Presse drücken. Essig mit Knoblauch, Salz, Pfeffer, Senf und Zucker verrühren, dann langsam das Öl unterschlagen. Salat und Kartoffelscheiben vorsichtig mit der Vinaigrette anmachen, auf 4 Portionstellern anrichten, je 2 Scheiben Schinken dazulegen, mit Champignons und Nüssen bestreut servieren.

Chicorée-Trauben-Salat

6 Stauden Chicorée

250 g kleine blaue Trauben

150 g Blauschimmelkäse

100 g Walnußkerne

Für das Dressing:

200 g Crème fraîche

2 EL Milch

3 EL Ketchup

Salz

Pfeffer

1 Prise Zucker

Chicoréestauden putzen, bitteren Kern keilförmig herausschneiden, Blätter waschen und gut abtropfen lassen. Untere Blatthälften in feine Streifen schneiden. Trauben abzupfen, waschen, trockentupfen, halbieren und entkernen. Käse klein schneiden, Walnußkerne grob hacken. Für das Dressing die angegebenen Zutaten miteinander verrühren.

Salatspitzen auf 4 Portionstellern kreisrund anordnen. In die Mitte den kleingeschnittenen Chicorée geben, etwas von dem Dressing darüberträufeln. Käse, Nüsse und Trauben darüberstreuen. Restliches Dressing separat dazu servieren.

Käse-Birnen-Salat mit Basilikum

100 g Walnußkerne
200 g Emmentaler
1 kleiner Kopf Friséesalat
100 g Basilikum
2 EL Senf
Salz
Pfeffer
5 EL (Himbeer-)Essig
3 EL Öl
3 EL (Walnuß-)Öl
500 g Birnen
1 EL Zitronensaft

Walnüsse in einer Pfanne ohne Fett anrösten und grob hacken. Emmentaler in dünne Scheiben, dann in Stäbchen schneiden. Frisée putzen und waschen, nur das zarte Hellgrüne verwenden und grob zerzupfen. Basilikum von den Stielen streifen, grob hacken.

Für die Salatsauce Senf, 1 Prise Salz und Essig verrühren. Öl und Nußöl unterschlagen, bis eine leicht cremige Sauce entsteht. Mit Pfeffer würzen.

Birnen schälen, vierteln, Kerngehäuse herausschneiden, in dünne Scheiben schneiden. Ein paar Scheibchen beiseite legen und mit Zitronensaft beträufeln. Käse, Birnen, Walnüsse und Basilikum vorsichtig mit der Salatsauce mischen. Salat auf Friséeblättern anrichten und mit den Birnenscheiben garnieren.

Fruchtiger Feldsalat mit Hähnchen

300 g Feldsalat
1 Zwiebel
1 Apfel
5 EL Öl, 1 EL Essig
50 g Walnußkerne
Salz
Pfeffer
2 Hähnchenbrüste

Salat putzen, waschen, gut abtropfen lassen. Zwiebel schälen, würfeln. Nüsse fein hacken. Apfel halbieren, Kerngehäuse entfernen, eine Hälfte in Spalten schneiden. Die andere Apfelhälfte reiben, mit Zwiebel, Essig, 3 EL Öl, Nüssen, Salz und Pfeffer verrühren. Fleisch in 2 EL Öl von jeder Seite 5 Minuten braten, in Scheiben schneiden. Salat mit dem Fleisch anrichten, Sauce darübergeben. Mit Apfelspalten garnieren.

Fischgerichte

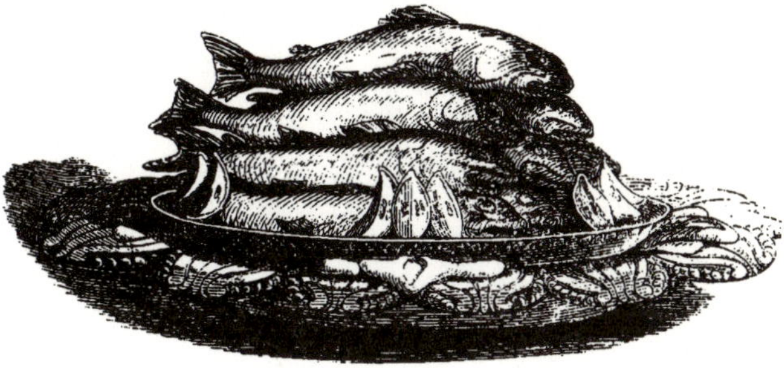

Gebackene Forelle mit Mandelblättchen

4 küchenfertige Forellen
Salz, Pfeffer
Saft einer Zitrone
1 unbehandelte Zitrone
2 Zweige Dill, 2 Zwiebeln
1 kg Spinat
20 g Butter
15 g Mehl
250 ml heiße Gemüsebrühe
125 ml Sahne
250 g Sahne-Meerrettich
1 Prise Zucker, etwas Muskat
50 g Mandelblättchen
2 EL Öl

Backofen auf 200 Grad vorheizen. Forellen innen und außen gründlich waschen und mit Küchenkrepp trockentupfen, mit einem scharfen Messer die Haut mehrfach einritzen, mit Salz und Pfeffer einreiben und mit Zitronensaft beträufeln. Die zweite Zitrone gründlich waschen, trockenreiben und in Scheiben schneiden. Forellen auf ein mit Backpapier ausgelegtes Backblech legen, Zitronenscheiben dazulegen und im Backofen ca. 25 Minuten backen. Dill waschen, trockentupfen, von den Stielen zupfen. 5 Minuten vor Ende der Backzeit den Dill über den Fisch streuen.

In der Zwischenzeit den Spinat putzen, waschen und in wenig kochendem Salzwasser zusammenfallen lassen. Aus dem Wasser nehmen und gut abtropfen lassen. Zwiebeln schälen und in Spalten teilen. Fett in einem Topf erhitzen, Mehl darüberstäuben, anschwitzen, mit Brühe und Sahne ablöschen. Unter ständigem Rühren aufkochen lassen, Sahne-Meerrettich unterrühren. Sauce mit Salz, Pfeffer und

Zucker abschmecken. Mandelblättchen in einer beschichteten Pfanne ohne Fett rösten, herausnehmen. Öl in der Pfanne erhitzen und die Zwiebelspalten darin glasig dünsten. Spinat dazugeben, heiß werden lassen, dann mit Salz, Pfeffer und Muskat abschmecken. Spinat und Fisch auf einer Platte anrichten und mit den Mandelblättchen bestreuen. Die Sauce dazu reichen.

Petersilienfisch mit Mandeln

Für 6 Personen:

6 Rotbarschfilets

1 Zitrone

Pfeffer, Salz

100 g Mandeln

30 g Kapern

3 Bund Petersilie

50 ml Öl, 50 g Butter

Fischfilets mit dem Zitronensaft beträufeln, pfeffern und zugedeckt ca. 30 Minuten ziehen lassen. Mandeln überbrühen, abziehen, in Stifte schneiden und in einer Pfanne ohne Fett goldbraun rösten. Kapern hacken. Petersilie waschen, trockentupfen, hacken. Ein Drittel der Petersilie zum Garnieren beiseite stellen. Restliche Petersilie mit Kapern, Öl und Salz mischen, pürieren.

Backofen auf 225 Grad vorheizen. Fischfilets jeweils zur Hälfte mit der Paste bestreichen, die nicht bestrichene Hälfte darüberklappen und mit einem Holzstäbchen zusammenstecken. Filets in eine gebutterte ofenfeste Form setzen, Zitronenmarinade darübergießen, Filets salzen und mit Butterflöckchen belegen. Im Backofen ca. 15 Minuten garen. Mit der restlichen Petersilie und mit den Mandelstiften garnieren. Dazu passen Salzkartoffeln und ein grüner Salat.

Gebackene Garnelen mit Mandel-Chili-Butter

65 g Mehl
8 EL Öl
Salz, Pfeffer, 1 EL Zucker
2 Möhren, 1 kleine Fenchelknolle
15 g Ingwerwurzel
Saft von einer Zitrone, 80 ml Orangensaft
12 Riesengarnelen ohne Kopf
1 rote Chilischote
4 schöne Blätter Romanasalat
1 Ei
1 l Fett zum Fritieren
100 g Mandelstifte
100 g Butter

Mehl mit 3 EL Öl, einer Prise Salz und 30 ml lauwarmem Wasser zu einem geschmeidigen Teig verkneten und zu einer Kugel formen. Klarsichtfolie mit 1 EL Öl bestreichen und den Teig darin einschlagen. An einem warmen Ort 30 Minuten ruhen lassen.

In der Zwischenzeit die Möhren putzen, schälen und mit dem Gurkenhobel der Länge nach fein hobeln. Vom Fenchel den Strunk wegschneiden, die Blätter voneinander lösen. Dann quer in feine Streifen schneiden. Fenchelgrün zum Garnieren aufheben. Ingwer schälen und fein reiben. Möhren und Fenchel in einer Sauce aus Zitronen- und Orangensaft, dem restlichen Öl, Ingwer, Salz, Pfeffer und Zucker ziehen lassen. Garnelen aus der Schale brechen, nur den Schwanz dranlassen. Den Darm entfernen, kalt abspülen und trockentupfen. Mit Salz und Pfeffer würzen. Chilischote halbieren, Kerne entfernen, Fruchtfleisch fein würfeln. Salatblätter am Strunk spitz zuschneiden. Das Ei verquirlen.

Fritierfett auf 180 Grad erhitzen. Teig auf einer bemehlten Arbeitsfläche zu einem Quadrat von 20 x 20 cm ausrollen. Daraus zuerst 6 Rechtecke von 10 x 6,5 cm schneiden, diese dann diagonal in Dreiecke schneiden. Die Teigdreiecke dünn mit dem verquirlten Ei bestreichen und mit dem breiten Ende beginnend fest um je eine Garnele wickeln.

Garnelen portionsweise jeweils etwa 4 Minuten im Fritierfett knusprig ausbacken und warm stellen. In der Zwischenzeit die Salatblätter auf Portionsteller legen, den Möhren-Fenchel-Salat darauf verteilen. Salatblätter mit etwas von der Salatsauce beträufeln. Mandelstifte in der Butter goldbraun rösten, Chiliwürfel untermischen. Garnelen neben dem Salat anrichten, mit der heißen Mandelbutter übergießen. Mit Fenchelgrün garnieren.

Seezungenfilets mit Erdnußsauce

100 g Erdnußkerne

1 eingelegte Ingwerpflaume

Saft einer halben Zitrone

Salz, Cayennepfeffer

300 g Crème fraîche

8 Seezungenfilets

¼ Bund Petersilie

Backofen auf 220 Grad vorheizen. Erdnüsse grob zerkleinern. Ingwerpflaume würfeln. Erdnüsse mit Ingwer, Zitronensaft, Cayennepfeffer und Crème fraîche verrühren. Fisch kalt abspülen und trockentupfen, schuppenförmig in eine feuerfeste gefettete Form legen, etwas salzen und mit der Erdnußcreme überziehen.

Seezungenfilets im Backofen in 8 Minuten garen. Petersilie waschen, trockenschwenken und fein hacken. Seezungenfilets mit Petersilie bestreut servieren. Dazu paßt Reis.

Kabeljau mit Nußbutter

1 Pck. (TK-)Blattspinat
1 kleine Zwiebel
300 g Schmetterlingsnudeln (Farfalle)
Salz
4 Kabeljaufilets
2 EL Zitronensaft
Pfeffer
1 EL Mehl
6 EL Butter
3 EL Pflanzenöl
3 EL Sahne
Muskat, 6 EL Haselnußblättchen

Spinat antauen lassen, grob hacken. Zwiebel schälen, fein hacken. Nudeln in reichlich kochendem Salzwasser bißfest garen. Fisch trockentupfen, mit wenig Zitronensaft beträufeln, salzen, pfeffern und mit etwas Mehl bestäuben. Zwiebel in einem Topf mit 1 EL Butter andünsten, Spinat dazugeben, salzen und pfeffern, erhitzen. Öl mit 2 EL Butter in einer Pfanne bei mittlerer Temperatur erhitzen, Fischfilets darin von beiden Seiten je etwa 3 Minuten braten. Spinat mit der Sahne verfeinern, mit Muskat, Zitronensaft, Salz und Pfeffer abschmecken. Fisch aus der Pfanne nehmen. 2 EL Butter und die Haselnußblättchen in die Pfanne geben, die Butter leicht braun werden lassen, salzen, pfeffern und mit Zitronensaft abschmecken. Nudeln in 1 EL Butter schwenken, Fischfilets mit der Nußbutter beträufeln, mit Spinat und Nudeln servieren.

Rotbarschfilet in Haselnußpanade

800 g Kartoffeln
Salz
500 g Fenchel mit Grün
1 EL Butter
3 EL Öl
200 ml Gemüsebrühe
4 feste Tomaten
800 g Rotbarschfilet
Saft einer halben Zitrone
Pfeffer
2 Eier
60 g Semmelbrösel
100 g Haselnußblättchen
2 EL Mehl

Kartoffeln waschen, schälen, halbieren und in kochendem Salzwasser garen. Fenchel putzen, waschen, halbieren, Strünke herausschneiden. Fenchelgrün fein hacken. Fenchel in ½ cm dünne Scheiben hobeln, diese halbieren. Butter und 1 EL Öl erhitzen, Fenchel darin anbraten. Brühe angießen und in etwa 15 Minuten weich dünsten.

In der Zwischenzeit die Tomaten waschen, halbieren, entkernen und in Spalten schneiden. Fisch abbrausen, trockentupfen, mit Zitronensaft beträufeln, salzen und pfeffern. Eier verquirlen. Brösel mit Haselnüssen mischen. Filets mit Mehl bestäuben, erst durch das Ei ziehen, dann mit Brösel-Nuß-Mischung panieren.

Das restliche Öl erhitzen, Fisch darin von beiden Seiten 4 Minuten braten. Tomaten unter den Fenchel mischen, kurz mitdünsten, salzen und pfeffern. Fenchelgrün unterheben, Kartoffeln abgießen. Fisch mit Kartoffeln und Gemüse anrichten.

Schollen mit Garnelenfüllung und Sesamkruste

4 Schollen
8 Riesengarnelen
1 EL Limettensaft
1 Knoblauchzehe
1 TL frisch gehackter Ingwer
2 EL Sojasauce
Salz, Cayennepfeffer
1 Bund Frühlingszwiebeln
15 g chinesische Morcheln
3 EL Öl, 50 g Sesamsamen
100 g Knollensellerie, 100 g Möhren
1 Bund Schnittlauch

Köpfe und Flossen der Schollen abschneiden. Haut auf der dunklen Seite abziehen. Das gehäutete Fischfleisch längs bis zur Mittelgräte einschneiden, Fleisch links und rechts vom Schnitt so weit von der Gräte lösen, daß eine Tasche entsteht.

Knoblauch abziehen, fein hacken. Die Garnelen vom Kopf befreien, aus der Schale brechen, entdarmen. Garnelen hacken, mit Limettensaft, Knoblauch, Ingwer, 1 EL Sojasauce, Salz und Cayennepfeffer mischen. 1 Frühlingszwiebel fein hacken. Alles zusammen auf einem Brett mit einem schweren Messer hacken, dann mit der Breitseite des Messers zerdrücken. Schollen leicht von innen und außen salzen, mit der Garnelenfarce füllen. Morcheln in reichlich lauwarmem Wasser einweichen. Backofen auf 200 Grad vorheizen. Saftpfanne mit 1 EL Öl einfetten, Schollen darauflegen, mit etwas Öl einpinseln und mit Sesam bestreuen. Fisch mit Alufolie abdecken und 12 Minuten im Backofen auf der untersten Schiene garen. Garzeit bei kleineren Schollen etwas reduzieren.

In der Zwischenzeit die restlichen Frühlingszwiebeln, den Sellerie und die Möhren putzen und der Länge nach in dünne Streifen schneiden. Schnittlauch in 1 cm lange Röllchen schneiden. Schollen nach 12 Minuten auf die oberste Einschubleiste setzen, Alufolie entfernen und 5 Minuten unterm Grill bräunen. In der Zwischenzeit das restliche Öl in einem Topf sehr heiß werden lassen, das Gemüse 3 Minuten darin braten, dabei umrühren. Morcheln abtropfen lassen und untermischen, mit der restlichen Sojasauce und Salz würzen. Das Gemüse mit Schnittlauch bestreuen, auf die Saftpanne geben und servieren. Dazu paßt Reis.

Seelachs in Tomaten-Pistazien-Sahne

800 g Seelachsfilet

Salz, Pfeffer, 1 Lorbeerblatt

Saft einer halben Zitrone

500 g vollreife Tomaten

1 Bund Basilikum, 75 g Pistazienkerne

250 ml Sahne

Seelachsfilets jeweils zweimal durchschneiden, salzen und mit Zitronensaft beträufeln. Für die Sauce Tomaten überbrühen, abschrecken und häuten, halbieren, Stielansätze und Kerne entfernen, sehr klein würfeln. Basilikum waschen, trockenschwenken, Blättchen abzupfen und in schmale Streifen schneiden. Pistazien fein hacken. Backofen auf 200 Grad vorheizen. Sahne mit Tomaten, Pistazien, Basilikum und Lorbeerblatt verrühren, mit Salz und Pfeffer abschmecken. Seelachsfilets in eine feuerfeste Form legen, mit der Tomatensahne überziehen, im Backofen 10 Minuten garen. Sofort servieren. Dazu passen Salzkartoffeln.

Schollenfiletröllchen mit Blattspinat

12 Schollenfilets
1 kg Spinat
250 g Möhren
Salz
Pfeffer
Muskat
Paprikapulver
1 EL Crème fraîche
1 EL geriebener Parmesan
Saft einer Zitrone
3 EL Butter
100 ml heiße Brühe
50 g Mandelblättchen

Für die Buttersauce:
250 g Butter
3 Eigelb
3 EL Wasser
Salz
Cayennepfeffer
1 EL Zitronensaft

Spinat gründlich putzen und waschen. Möhren waschen, schälen, in Scheiben schneiden, in Salzwasser etwa 10 Minuten weich kochen und abtropfen lassen. Zusammen mit Crème fraîche, Parmesan und 2 EL Zitronensaft pürieren, mit Salz, Pfeffer, Muskat und Paprika abschmecken.

Schollenfilets abspülen, mit Küchenkrepp trockentupfen, mit dem restlichen Zitronensaft beträufeln, salzen und pfeffern. Möhrencreme daraufstreichen, die Fischfilets aufrollen und mit Holzstäbchen feststecken. 2 EL Butter in einer Pfanne zerlassen und die Röllchen darin bei sehr milder Hitze und geschlossenem Deckel 15 Minuten dünsten. Zwischendurch wenden.

Brühe aufkochen, Spinat hineingeben, bei geschlossenem Deckel zusammenfallen lassen. Mehrmals wenden, mit Salz und Pfeffer abschmecken. Die restliche Butter zerlassen, die Mandelblättchen darin rösten.

Für die Buttersauce die Butter bei geringer Hitze schmelzen, etwas stehen lassen, damit sich das Eiweiß absetzt. Das reine Butterfett anschließend ganz vorsichtig in ein anderes Gefäß umgießen. Eigelb mit Wasser und einer Prise Salz im 70 Grad heißen Wasserbad zu einer weißen dickschaumigen Creme schlagen. Anschließend teelöffelweise das Butterfett darunterschlagen. Falls die Sauce zu dick wird, noch etwas Zitronensaft hinzufügen. Mit Salz und Cayennepfeffer abschmecken.

Schollenröllchen mit Buttersauce auf vorgewärmten Tellern anrichten, Spinat dazugeben und mit den Mandelblättchen bestreut servieren.

Seelachs in der Folie mit Erdnüssen

800 g Seelachsfilet
Saft einer Zitrone
Salz
Pfeffer
1 Knoblauchzehe
1 Bund Frühlingszwiebeln
300 g junge Möhren
1 Kohlrabi
100 g Erdnüsse
1 EL Butter
200 g Crème fraîche
1 EL Cognac
½ Bund Petersilie
½ Bund Basilikum

Seelachsfilets kalt abspülen, trockentupfen, mit Zitronensaft beträufeln, mit Salz und Pfeffer würzen. Knoblauch schälen und sehr fein hacken. Frühlingszwiebeln putzen, gründlich unter fließendem Wasser waschen und mit zwei Dritteln des zarten Grüns in dünne Ringe schneiden. Möhren und Kohlrabi waschen, schälen und in feine Stifte schneiden. Erdnußkerne fein zerkleinern.

Backofen auf 220 Grad vorheizen. Butter zerlassen, Knoblauch darin glasig dünsten. Gemüse dazugeben und unter Rühren einige Minuten braten, mit Salz und Pfeffer würzen. Auf der Arbeitsfläche ein großes Stück Alufolie ausbreiten. Gemüse in der Mitte der Folie verteilen, Fischfilets darauflegen und mit den Erdnüssen bestreuen. Folie über dem Fisch zusammenklappen, an den Seiten gut verschließen.

Fisch auf der mittleren Einschubleiste ca. 30 Minuten im Backofen garen. Folie öffnen und die Flüssigkeit, die sich darin angesammelt hat, in einen Topf gießen. Gemüse und Fisch im abgeschalteten Backofen warm halten. Crème fraîche und Cognac mit der Sauce mischen, alles bei starker Hitze unter Rühren cremig einkochen lassen.

Kräuter waschen, trockenschwenken, fein hacken. Sauce mit Salz und Pfeffer abschmecken, Kräuter untermischen. Gemüse und Fisch auf eine vorgewärmte Platte geben, die Sauce separat dazu reichen. Dazu passen Salzkartoffeln.

Gegrillte Lachsforelle mit Sonnenblumenkernfüllung

125 g Schollenfilet

2 große Lachsforellen

Salz, Pfeffer

Zitronensaft

100 g Sonnenblumenkerne

1 Bund Dill

1 Eigelb, 3 EL Crème fraîche, Öl

Schollenfilet waschen, trockentupfen, im Gefrierfach kurz anfrieren lassen. Lachsforellen unter fließendem kalten Wasser abspülen, mit Küchenkrepp trockentupfen. Innen und außen salzen, mit Zitronensaft beträufeln. Dill waschen, trockenschwenken und fein hacken. Sonnenblumenkerne in einer Pfanne ohne Fett rösten, zusammen mit dem Schollenfilet fein hacken, mit Dill vermischen. Eigelb und Crème fraîche dazugeben. Zuletzt mit Salz, Pfeffer und Zitronensaft würzen.

Diese Masse in die Lachsforellen füllen, mit Holzstäbchen zustecken und mit Öl bepinseln. In ein Fischgrillgitter legen und verschließen. Im Grill, am besten aber auf Holzkohlenglut, ca. 30 Minuten garen, dabei gelegentlich wenden und öfter mit Öl bepinseln. Mit Folienkartoffeln servieren.

Gefüllte Dorade mit Pinienkernen

1 kg Blattspinat
60 g Rosinen
100 g Pinienkerne
9 EL Olivenöl
100 g Zwiebeln
Salz, Pfeffer, 1 TL Kreuzkümmel
8 Doradenfilets (Goldbrasse, ersatzweise auch Forellenfilets)
12 EL Zitronensaft
4 Stangen Zitronengras (Asien-Laden)
4 Zweige Thymian

Spinat putzen, waschen, abtropfen lassen. Wasser in einem Topf mit Siebeinsatz zum Kochen bringen, Spinat mit den Rosinen im Siebeinsatz bei geschlossenem Deckel 6 Minuten dämpfen. Dabei ab und zu durchmischen, damit er gleichmäßig gart. Spinat gut abtropfen lassen und ausdrücken.

Zwiebeln schälen und würfeln. Pinienkerne in 3 EL Olivenöl anrösten, Zwiebelwürfel dazugeben und andünsten. Spinat untermischen, erhitzen, mit Salz, Pfeffer und Kreuzkümmel würzen. Filets von eventuellen Gräten befreien, Hautseite leicht anritzen. Mit Salz, Pfeffer und Zitronensaft würzen. 4 Filets mit der Hautseite nach unten legen, Spinat darauf verteilen. Zitronengras der Länge nach halbieren. Jeweils eine Zitronengrashälfte auf den Spinat setzen. Mit den übrigen 4 Filets bedecken. Obendrauf einen Zweig Thymian und restliches Zitronengras legen. Fischpakete mit Küchengarn zubinden. Backofen auf 180 Grad vorheizen. 4 EL Öl in einer Pfanne erhitzen, Fischpakete unter einmaligem Wenden 1 Minute anbraten. Ein Backblech mit dem restlichen Olivenöl bepinseln, Fischpakete daraufsetzen und im Backofen auf der zweiten Schiene von unten 8 Minuten garen. Dazu paßt Weißbrot.

Zanderfilets in der Kräuter-Mandel-Kruste

600 g Zanderfilet
1 rote Zwiebel, 3 Äpfel
60 g Butter
125 ml Apfelsaft, 2 TL Zitronensaft
Salz, Pfeffer, 1 TL Paprikapulver, rosenscharf
1 Bund Dill, 1 Bund Petersilie
150 g Mandeln
1 Eiweiß

Zwiebel schälen, halbieren und in Streifen schneiden. Äpfel gründlich waschen, vierteln, Kerngehäuse herausschneiden. Die Viertel in dünne Spalten schneiden. 30 g Butter in einer Pfanne erhitzen und die Zwiebeln darin glasig dünsten. Äpfel untermischen, bei mittlerer Hitze und unter Wenden 2 Minuten mitbraten. Apfelsaft unterrühren und alles zugedeckt 5 Minuten dünsten. Mit 1 TL Zitronensaft, Salz, Pfeffer und Paprikapulver pikant abschmecken und beiseite stellen. Fischfilets kurz kalt abspülen, mit Küchenkrepp abtrocknen und mit Zitronensaft beträufeln. Mandeln fein mahlen. Kräuter abspülen, trockentupfen. Je einen Dill- und einen Petersilienzweig zum Garnieren beiseite legen. Die übrigen Kräuter sehr fein hacken, mit 1 Prise Salz und den Mandeln mischen. Eiweiß in einen tiefen Teller geben, mit einer Gabel verquirlen. Kräuter-Mandel-Mischung auf einen flachen Teller schütten. Die restliche Butter in einer Pfanne schmelzen, nicht braun werden lassen. Fischfilets erst im Eiweiß, dann in der Panade wenden, fest andrücken. Filets in der Butter bei mittlerer Hitze von jeder Seite 2 Minuten braten. Apfelmischung eventuell mit 3 EL Wasser strecken, erneut erhitzen, auf 4 vorgewärmte Teller verteilen. Jeweils ein Zanderstück darauflegen, mit Dill und Petersilie garniert servieren. Dazu schmeckt Basmati-Reis.

Fleischgerichte

Kalbsbries in Mandelhülle

350 g Kalbsbries

400 g kleine Kartoffeln

3 EL Zitronensaft, Pfeffer, Salz

8 EL Olivenöl

2 Scheiben Toastbrot

50 g Mandelblättchen

50 g Rauke

50 g ganze Mandeln

1 Knoblauchzehe

1 Ei

30 g Mehl

45 g Butterschmalz

Kalbsbries putzen, äußere Haut entfernen, 20 Minuten in kaltes Wasser legen, anschließend trockentupfen. Kartoffeln waschen, 15 Minuten in Salzwasser garen, pellen und in Scheiben schneiden. Aus Zitronensaft, Salz, Pfeffer und 4 EL Olivenöl eine Sauce rühren, Kartoffelscheiben darin ziehen lassen. Toastbrot entrinden und fein zerkleinern, mit den Mandelblättchen mischen. Rauke waschen und putzen. Einige schöne Blätter zum Garnieren beiseite legen. Die geschälten ganzen Mandeln und die geschälte Knoblauchzehe im restlichen Olivenöl goldbraun rösten.

Kalbsbries in 8 Scheiben schneiden, mit Salz und Pfeffer würzen. Ei verquirlen. Briesscheiben zuerst dünn im Mehl wenden, dann durch das Ei ziehen. Zum Schluß mit der Mandel-Brösel-Mischung dick panieren. Geröstete Mandeln, Knoblauchzehe und Rauke im Mixer grob pürieren, mit Salz und Pfeffer würzen. Briesscheiben bei mittlerer Hitze 10–12 Minuten im Butterschmalz goldbraun braten, dabei einmal wenden. Zum Servieren die Briesscheiben auf die Tellermitte legen, mit den Kartoffelscheiben umlegen, Raukepesto darübergeben und mit den Raukeblättern garnieren.

Hühnerbrüstchen mit Walnüssen und Champignons

Für 6 Personen:

150 g Walnüsse (wenn möglich Schälnüsse)

2 Hühnerbrüste

4 TL Speisestärke, Salz

½ TL Fünf-Gewürz-Pulver (Asien-Laden)

6 kleine Frühlingszwiebeln

250 g Möhren

250 g Bambusschößlinge

400 g kleine weiße Champignons

4 EL Öl

⅛ l heiße Hühnerbrühe, 1 TL helle Sojasauce

Walnüsse in kochendem Wasser blanchieren, kalt abschrekken, die Haut abziehen. Hühnerbrüste häuten. Fleisch in kleine Würfel schneiden. 3 TL Speisestärke, Salz und Fünf-Gewürz-Pulver vermischen. Fleisch darin wenden. Frühlingszwiebeln in 2 cm lange Stücke schneiden. Möhren waschen, putzen, längs vierteln und in Würfel schneiden. Bambusschößlinge in Längsstreifen schneiden und würfeln, die Pilze halbieren. Öl in einem Wok erhitzen und die Nüsse darin goldbraun rösten. Mit einem Schaumlöffel herausnehmen und abtropfen lassen. Fleischwürfel in mehreren Portionen 2 Minuten im heißen Öl unter Rühren braten. Auf Küchenkrepp abtropfen lassen. Öl bis auf 2 EL abgießen. Möhren, Zwiebeln, die halbierten Pilze und Bambusschößlinge in den Wok geben und eine Minute unter ständigem Rühren braten. Hühnerbrühe zugießen. Sojasauce mit 1 EL Wasser verrühren, die restliche Speisestärke darin anrühren, zum Gemüse geben und aufkochen lassen. Hühnerfleisch im Gemüse erhitzen, die Nüsse dazugeben. Sofort servieren.

Kernige Frikadellen mit Möhrencreme

Für die Kräuterfüllung:

100 g Sonnenblumenkerne
1 Bund Basilikum
1 Bund Petersilie
1 Knoblauchzehe
40 g frisch geriebener Parmesan
4 EL Sonnenblumenöl

Für die Frikadellen:

450 g gemischtes Hackfleisch
75 g Semmelbrösel
1 TL Senf
1 Ei
Salz, Pfeffer
2 EL Sonnenblumenöl

Für die Möhrencreme:

500 g Möhren
40 g Butter
50 g Sonnenblumenkerne
200 ml heiße Gemüsebrühe
3 EL Sahne
Salz, Cayennepfeffer

Für die Kräuterfüllung die Sonnenblumenkerne in einer Pfanne ohne Fett unter Rühren hellbraun rösten, dann fein mahlen. Basilikum und Petersilie waschen und gut trockentupfen, von den Stielen zupfen und sehr fein hacken. Kräuter und Sonnenblumenkerne mischen, Knoblauch schälen und durch die Presse dazudrücken. Alles mit Parmesan und Sonnenblumenöl vermischen.

Für die Frikadellen alle Zutaten (außer dem Öl zum Braten) gut miteinander vermischen, herzhaft mit Salz und Pfeffer abschmecken. Aus dem Fleischteig 8 Frikadellen formen, flachdrücken. Jeweils 1 EL Kräuterfüllung in die Mitte geben, Ränder übereinanderklappen und zu Bällchen formen. Beiseite stellen und später im heißen Öl in 10–12 Minuten knusprig braten.

Für die Möhrencreme Möhren schälen und waschen, anschließend in dicke Scheiben schneiden. Butter in einem Topf zerlassen, Möhrenscheiben darin andünsten, mit Gemüsebrühe auffüllen und 15 Minuten weich garen, dann zusammen mit den Sonnenblumenkernen pürieren. Sahne dazugeben und mit Salz und Cayennepfeffer abschmecken. Möhrencreme zu den Frikadellen servieren.

Rohes Rinderfilet mit Feigen und Walnüssen

200 g Rinderfilet

24 Schälnüsse

12 Feigen

2 EL geschroteter schwarzer Pfeffer

Salz

4 EL Portwein

Rinderfilet 1 Stunde in das Gefrierfach legen. Nüsse in einen Topf mit kochendem Wasser geben, einmal aufkochen lassen, abtropfen lassen und schälen. Feigen vierteln.

Fleisch möglichst mit einer Maschine in dünne Scheiben schneiden, die eine Hälfte mit Pfeffer panieren, die andere Hälfte salzen. Fleisch mit den Feigen und den Nüssen auf Tellern anrichten und mit Portwein beträufeln.

Lammcarré mit Mandelkruste

1 kleiner Bund Thymian
100 g Mandeln
2 Scheiben Toast, 150 g Butter
Salz, Pfeffer
200 g Lammknochen (grob gehackt)
40 g Butterschmalz
½ Bund Suppengemüse
1 EL Ketchup, 50 ml Rotwein, 400 ml Lammfond
500 g Schalotten, 80 g Kartoffeln, 600 g Chicoree
2 Lammcarrés
1 EL Honig, 20 g Puderzucker

60 g Mandeln hacken, 40 g fein mahlen. Kartoffeln fein reiben. Schalotten schälen. Für die Kruste Thymianblättchen abzupfen, die gehackten Mandeln in einer Pfanne ohne Fett goldgelb rösten. Vom Toastbrot die Rinde abschneiden und fein zerkleinern. 100 g Butter schaumig rühren, alle Mandeln, Thymian und Toastbrot untermischen, mit Salz und Pfeffer würzen, im Kühlschrank kalt werden lassen.

Für die Sauce die Lammknochen in 20 g Butterschmalz kräftig anrösten und das grob zerkleinerte Suppengemüse dazugeben. Ketchup unterrühren, mit Rotwein und Lammfond aufgießen. Die Sauce auf die Hälfte einkochen, die geriebenen Kartoffeln untermischen und 5 Minuten bei milder Hitze mitgaren. Danach die Sauce durch ein Haarsieb passieren, mit Salz und Pfeffer würzen.

Chicoree putzen, Blätter vom Strunk schneiden. Backofen auf 200 Grad vorheizen. Von den Lammcarrés die obere Fettschicht und die darunterliegende Haut wegschneiden. Fleisch mit Salz und Pfeffer würzen, im restlichen Butterschmalz bei starker Hitze rundherum etwa 5 Minuten kräftig anbraten. Auf die Fettpfanne setzen, die Oberseite zuerst gleichmäßig mit Honig bepinseln, dann die vorbereitete

Krustenmasse gleichmäßig darauf verteilen, auf die zweite Einschubleiste von unten schieben und ca. 17 Minuten garen, bis die Kruste goldbraun ist.

In der Zwischenzeit die Schalotten in der restlichen Butter bei milder Hitze anbraten, 3 EL Wasser zugeben und im geschlossenen Topf etwa 5 Minuten garen. Dann die Chicoreeblätter zugeben. Mit Puderzucker bestäuben, mit Salz und Pfeffer würzen, weitere 10 Minuten dünsten.

Zum Servieren die Sauce wieder erwärmen, die Lammcarrés zwischen den Knochen halbieren und auf 4 Tellern anrichten. Gemüse und Sauce dazu reichen.

Huhn in Mandelsauce

8 Hähnchenkeulen

20 g frische Ingwerwurzel

220 g Zwiebeln, 420 g geschälte Tomaten

4 Kardamomkapseln, 4 EL Butterschmalz

2 EL Currypulver, 2 TL Salz, etwas Koriandergrün

2 Gewürznelken, 1 Zimtstange

50 g Mandelblättchen

2 EL Zitronensaft

Hähnchenkeulen häuten und im Gelenk durchtrennen, Ingwer schälen und fein würfeln. Zwiebeln schälen, in feine Ringe, Tomaten in kleine Stücke schneiden. Kardamomkapseln aufbrechen, Samen entnehmen. Fett erhitzen. Ingwer und Zwiebeln unter Rühren goldbraun anbraten, Curry dazugeben und 3 Minuten mitdünsten. Fleisch, Tomaten mit Saft, Nelken, Zimt und Kardamom hinzufügen, einmal gut umrühren und zugedeckt 15 Minuten bei mittlerer Hitze kochen. Mandeln, Zitronensaft und Salz dazugeben und weitere 5 Minuten kochen. Zum Servieren den Koriander grob hacken und unterrühren. Reis dazu reichen.

Elsässer Gewürztraminer-Ente

Für 6 Personen:

1 Ente mit Innereien

50 g Korinthen, Pfeffer, Salz

¼ l Gewürztraminer, 2 Entenbrustfilets

150 g kleine Zwiebeln

150 g Walnüsse (möglichst Schälnüsse)

3 Scheiben Toastbrot, 6 EL Schlagsahne, 2 Eier

3 EL dunkler Saucenbinder

Leber und Innereien aus der Ente nehmen, putzen, einmal durchschneiden, mit 30 g Korinthen mischen, pfeffern. In ⅛ l Wein marinieren, bis alle anderen Zutaten vorbereitet sind. Entenbrustfilets häuten und würfeln, dabei alle Häutchen und Sehnen entfernen. Fleisch fein hacken. Zwiebeln schälen, die Hälfte davon fein würfeln. Die Hälfte der Walnüsse grob zerbrechen und in einer Pfanne ohne Fett rösten. Von dem Toast die Ränder abschneiden, würfeln und in Sahne einweichen. Das fein gehackte Fleisch mit Zwiebelwürfeln, gerösteten Nüssen, Brot und Eiern verkneten, salzen. Leber in einem Sieb abtropfen lassen, Wein auffangen. Leber und Korinthen unter die Füllung mischen. Mit Salz und Pfeffer abschmecken. Ente putzen, sichtbares Fett entfernen, große Federkiele herausziehen. Ente innen und außen salzen und pfeffern, füllen, mit Holzstäbchen zustekken, mit Küchengarn zunähen. Den Backofen auf 250 Grad vorheizen. Restliche Zwiebeln vierteln. Ente auf die Saftpfanne legen, Zwiebelviertel und Innereien rundherum verteilen. Wein dazugeben. Auf der zweiten Schiene von unten 15 Minuten braten. Hitze auf 200 Grad reduzieren und weitere 90 Minuten garen. Die Schenkel der Ente in der Beuge mehrfach anstechen, damit das Fett ausbrät. Nach und nach mindestens ½ l Wasser zugießen. Zum Schluß nochmals auf 250 Grad hinaufschalten und weitere 15 Minuten braten. Ente auf eine Servierplatte legen und im ausgeschalteten Ofen 15 Minuten nachziehen lassen. Für die Sauce den mit einem Pinsel gelösten Bratensatz mit dem restlichen Wein aufkochen, durch ein feines Sieb in einen Topf abgießen und entfetten. Die restlichen Korinthen zugeben und 5 Minuten bei milder Hitze kochen lassen. Dann mit dem Saucenbinder binden, nachwürzen. Die restlichen Nüsse etwas zerkleinern und über die Ente streuen. Dazu gibt es im Elsaß Kartoffelklöße und eiskaltes Apfelkompott.

Putenschnitzel mit Erdnußpanade

800 g kleine Kartoffeln

2 Stangen Lauch, 100 g Austernpilze

200 g Erdnüsse

4 Putenschnitzel

Salz, Pfeffer, 4 EL Mehl, 2 Eier

100 ml Öl, 1 EL Zitronensaft

2 EL Butterschmalz

Kartoffeln waschen, schälen, in Salzwasser garen. Lauch waschen, putzen, schräg in 1 cm dicke Ringe schneiden. Pilze abreiben und in mundgerechte Stücke schneiden. Erdnüsse sehr fein hacken. Fleisch waschen, trockentupfen, leicht salzen und pfeffern. Eier in einem tiefen Teller verquirlen. Fleisch mit Mehl bestäuben, in den Eiern wenden und mit Erdnüssen panieren. Pilze in 2 EL heißem Öl kräftig anbraten, aus der Pfanne nehmen und den Lauch in 1 EL Öl andünsten, salzen, pfeffern, mit den Pilzen mischen, mit Zitronensaft abschmecken. Das übrige Öl in einer Pfanne erhitzen, Schnitzel bei mittlerer Temperatur von jeder Seite etwa 4 Minuten goldbraun braten. Kartoffeln abgießen und in heißem Butterschmalz rund herum leicht rösten. Schnitzel mit Gemüse und Kartoffeln servieren.

Schweinefilet mit Honig-Senf-Kruste

500 g Brokkoli
Salz
2 Fleischtomaten
1 Zwiebel
800 g Schweinefilet
Pfeffer
1 EL Butterschmalz
2 EL Butter
1 EL Crème fraîche
1 TL Kräuter der Provence

Für die Kruste:
100 g Mandeln
1 EL Semmelbrösel
100 g Honig
1 EL scharfer Senf
1 EL körniger Senf
3 EL Crème fraîche
Salz
¼ TL gemahlener Ingwer

Brokkoli putzen, waschen und in kleine Röschen teilen, in Salzwasser 5 Minuten blanchieren, abschrecken, abtropfen lassen. Tomaten überbrühen, häuten, entkernen, klein würfeln. Zwiebel abziehen, fein hacken.

Für die Kruste die Mandeln fein hacken, mit Bröseln, Honig, Senf und Crème fraîche verrühren, mit Salz und Ingwer würzig abschmecken. Backofen auf 250 Grad vorheizen. Filet pfeffern, in 1 EL Butterschmalz rundherum anbraten, dann in einen Bräter setzen, Honig-Mandel-Masse etwa ½ cm dick aufstreichen, im Ofen auf der obersten Schiene etwa

Weizenvollkornbrot mit Sonnenblumenkernen

Rezept Seite 27

Kernige Hörnchen mit zwei Dips

Rezept Seite 34

Selleriesalat mit Äpfeln und Birnen
Rezept Seite 52

Spinatsalat mit Äpfeln und Erdnüssen

Rezept Seite 58

Gebackene Forellen mit Mandelblättchen

Rezept Seite 68

Kernige Frikadellen mit Möhrencreme

Rezept Seite 86

Heidelbeercreme mit Sonnenblumenkernkrokant
Rezept Seite 144

Spanische Mandeltörtchen

Rezept Seite 166

12 Minuten goldbraun überkrusten. Zwiebel in 1 EL Butter anschwitzen, Tomatenwürfel, bis auf ein Drittel, zugeben, weich dünsten, salzen und pfeffern, einmal kurz mit dem Stabmixer anpürieren. Crème fraîche und Kräuter unterziehen, übrige Tomatenwürfel dazugeben. Brokkoli kurz in 1 EL Butter schwenken, salzen und pfeffern. Schweinefilet in Scheiben mit Brokkoli und Tomatensauce anrichten.

Kalbssteaks mit Pistazienkruste

300 g Langkornreis
Salz
150 g Pistazienkerne
2 Eiweiß
4 EL Sojasauce
4 Kalbssteaks
100 g Butter
Pfeffer
⅛ l Weißwein

Reis in kochendem Salzwasser garen. Pistazien, bis auf ein paar für die Dekoration, hacken, Eiweiß mit der Sojasauce verrühren. Fleisch waschen, trockentupfen. Steaks erst im Eiweiß, dann in den Pistazien wenden, dann bei milder Hitze in der Butter von jeder Seite 5 Minuten braten, salzen und pfeffern. Jedes Steak auf einen vorgewärmten Teller geben. Bratfond mit Wein löschen und unter den fertigen Reis mischen, mit restlichen Pistazien bestreut neben den Steaks anrichten.

Rindfleisch im Wok

800 g Rindfleisch (rohes Roastbeef)
3 EL Sesamöl, 4 EL Sojasauce, 2 TL Speisestärke
1 Bund Lauchzwiebeln, 2 Knoblauchzehen
2 rote Paprikaschoten, 3 rote Chilischoten
600 g Chinakohl, 4 EL Sojaöl
Zucker, Salz, Pfeffer
3 EL Reiswein oder trockener Sherry
150 ml Fleischbrühe, 2 EL rote Chilisauce
2 Msp. Fünf-Gewürz-Pulver (Asien-Laden)
5 EL Cashewkerne, gesalzen

Fleisch kalt abbrausen, trockentupfen, Fett und Sehnen entfernen, in etwa 1 cm breite Streifen schneiden. 1 EL Sesamöl, 2 EL Sojasauce und Stärke verrühren. Fleisch darin wenden, 30 Minuten zugedeckt marinieren.

Gemüse waschen, putzen, Lauchzwiebeln mitsamt dem Grün schräg in 3 cm lange Stücke schneiden. Paprikaschoten halbieren, Trennwände und Kerne entfernen. Fruchtfleisch in Dreiecke teilen. Chinakohl in 2 cm breite Streifen schneiden. Chilischoten längs halbieren, entkernen, waschen und quer in Streifen schneiden. Knoblauchzehen abziehen, fein hakken. Wok, ersatzweise auch eine große Pfanne, erhitzen, 2 EL Sojaöl und 1 EL Sesamöl hineingießen und erhitzen. Knoblauch und Chili kurz darin anbraten. Fleisch portionsweise darin ca. 1 Minute unter Rühren anbraten, dann herausnehmen. Restliches Sojaöl in den Wok geben, heiß werden lassen, Zwiebeln, Paprika und Chinakohl darin unter Rühren braten. Wenn das Gemüse fast gar ist, das Fleisch wieder dazugeben und kurz miterhitzen. Mit Zucker, Reiswein, Brühe, Chilisauce, restlichem Sesamöl und Sojasauce sowie Fünf-Gewürz, Salz und Pfeffer abschmecken. Cashewkerne halbieren oder vierteln und unter das fertige Gericht mischen.

Saté mit Erdnußsauce

3 Knoblauchzehen
4 EL Limettensaft
6 EL Sojasauce, 1 TL Honig
600 g Roastbeef (Lende)
16 Bambus-Spießchen (15 cm lang)
Öl zum Braten
100 g Erdnüsse, geröstet und gesalzen
2 kleine Schalotten
½ kleine rote Chilischote
1 EL Öl
½ TL Sardellenpaste
2 TL brauner Zucker
100 ml Kokosmilch

2 Knoblauchzehen schälen, durchpressen, mit 2 EL Limettensaft, 1 EL Sojasauce und Honig verrühren. Rinderlende unter kaltem Wasser abbrausen, trockentupfen. Fett und Sehnen entfernen. Fleisch quer zur Faser in ½ cm dünne Scheiben, diese längs in ca. 3 x 8 cm große Streifen schneiden. Zugedeckt über Nacht marinieren. Spieße über Nacht wässern, dann löst sich das Fleisch später besser ab.

Erdnüsse sehr fein mahlen. Dritte Knoblauchzehe und Schalotten schälen. Chili waschen, trockenreiben, Stiel und Kerne entfernen, alles sehr fein hacken. Öl erhitzen, Knoblauch, Schalotten, Chili und Sardellenpaste darin unter Rühren anbraten. Restlichen Limettensaft, 2 EL heißes Wasser, Erdnüsse, Zucker und Kokosmilch zufügen und aufkochen lassen. Vom Herd nehmen, mit der restlichen Sojasauce abschmecken und in ein Schälchen füllen.

Fleischstreifen eng und wellenförmig auf die Spießchen stecken. In 2 Portionen in heißem Öl 2 Minuten braten. Auf einer Platte anrichten und mit der Erdnußsauce servieren.

Die Erdnußsauce schmeckt auch zu Schwein und Pute.

Hähnchenbrust mit Mandel-Basilikum-Füllung

100 g Mandeln

4 doppelte Hähnchenbrustfilets

1 Knoblauchzehe, 150 g Basilikumblätter

1 TL abgeriebene Schale einer unbehandelten Zitrone

130 g weiche Butter, 100 g kalte Butter

Salz

4 große Tomaten

200 g chinesische Eiernudeln

4 EL Öl

3/8 l Marsala, 4 TL Balsamico

Mandeln überbrühen, abziehen, trockentupfen, dann in einer Pfanne ohne Fett goldbraun rösten, mahlen. Hähnchenbrüste flachklopfen. Fleisch nebeneinander auf die Arbeitsfläche legen. Mandeln in eine Schüssel geben, Knoblauch schälen und dazupressen. Basilikumblätter fein hacken und dazugeben. Alles gut mit der Zitronenschale und 100 g von der weichen Butter verkneten, salzen.

Die Mischung jeweils in die Mitte der Fleischstücke geben. Fleisch über die Füllung klappen und seitlich mit Holzstäbchen zusammenstecken. Tomaten über Kreuz einritzen, kurz in kochendes Wasser tauchen, kalt abschrecken und häuten. Stielansätze keilförmig herausschneiden, vierteln. Die Nudeln garen und abtropfen lassen.

Backofen auf 200 Grad vorheizen. Öl in einem Bräter auf dem Herd erhitzen. Hähnchenbrüste leicht salzen und von allen Seiten kurz im Öl anbraten. Bräter in den Backofen auf die zweite Einschubleiste von unten setzen und 20 Minuten braten. Marsala zugießen, weitere 15 Minuten bei 225 Grad braten. Hähnchenbrüste auf eine Platte legen und zugedeckt im ausgeschalteten Ofen warm halten.

Bratenfond auf dem Herd erhitzen, nach und nach 100 g kalte Butter mit dem Schneebesen unterrühren, bis der Fond leicht gebunden ist. Etwas salzen. Die restliche weiche Butter in einer Pfanne erhitzen und die chinesischen Nudeln darin knusprig braun braten. Holzstäbchen aus dem Fleisch ziehen, Fleisch in nicht zu dünne Scheiben schneiden. Mit Sauce, Nudeln und Tomaten anrichten. Über die Tomaten auf dem Teller etwas Balsamico träufeln. Eventuell mit Basilikumblättchen garnieren.

Lammtopf mit Aprikosen

1500 g Lammschulter

2 Zwiebeln, 1 Lorbeerblatt

1 ½ l Fleischbrühe

2 Möhren, 2 Dosen Bohnenkerne

½ Bund Thymian

6 getrocknete Aprikosen

100 ml Weißwein, 100 g Mandeln

2 Knoblauchzehen

⅛ l Öl, Salz

Zwiebeln schälen, halbieren. Lammschulter mit Zwiebeln und Lorbeer in die Fleischbrühe geben, langsam heiß werden lassen. 2–3 Stunden garen. Fleisch herausnehmen, abkühlen lassen, vom Knochen lösen und würfeln. Brühe durch ein Sieb passieren. Mandeln überbrühen, abziehen.

Möhren putzen, in Scheiben schneiden und in der Suppe 15 Minuten garen. Die letzten 5 Minuten die abgespülten Bohnen, das Fleisch und die abgezupften Thymianblättchen mitziehen lassen. Für die Sauce Knoblauch schälen, die Aprikosen im Wein einweichen, zusammen mit den Mandeln pürieren, Öl unterschlagen, salzen. Sauce zum Eintopf servieren.

Hühnerleber mit Pinienkernen und Rosinen

100 g Pinienkerne
500 g Hühnerleber
Pfeffer, Salz
etwas Mehl
3 Äpfel
2 EL Zitronensaft
1 EL Butter
1 EL Öl
⅛ l Brühe
30 g Rosinen
1 Prise Zucker
2 cl Calvados
¼ l Sahne

Pinienkerne in einer Pfanne ohne Fett goldbraun rösten. Hühnerleber putzen, waschen und trockentupfen. Mit Pfeffer würzen und in Mehl wenden. Äpfel schälen, Kerngehäuse entfernen, in dicke Spalten schneiden. Mit Zitronensaft beträufeln.

In einer großen Pfanne Butter und Öl erhitzen. Leber hineingeben und von jeder Seite 2 Minuten scharf anbraten, leicht mit Salz würzen und warm stellen. Bratensaft in der Pfanne mit Brühe ablöschen. Rosinen dazugeben und die Sauce etwas einkochen lassen. Apfelspalten dazugeben, mit Zucker, Salz, Pfeffer und Calvados würzen. Sahne dazugießen und ca. 7 Minuten kochen lassen, bis die Sauce cremig wird.

Den aus der gebratenen Leber ausgetretenen Saft zur Sauce geben. Leber auf vorgewärmten Tellern anrichten. Apfelsauce darübergießen, mit den Pinienkernen bestreut servieren.

Rinderrouladen mit Schafskäse und Haselnüssen

4 Rinderrouladen
Salz
Pfeffer
2 Knoblauchzehen
1 Bund Thymian
150 g Feta
100 g Haselnußkerne
2 EL Öl
¼ l Brühe
⅛ l Rotwein

Rinderrouladen mit Küchenkrepp trockentupfen, etwas flachdrücken, mit wenig Salz und reichlich Pfeffer würzen. Knoblauch schälen, sehr fein hacken. Thymian waschen, trockentupfen und die Blättchen von den Stielen streifen. Feta in kleine Würfel schneiden. Haselnüsse mahlen. Alles gleichmäßig auf den Fleischscheiben verteilen. Längsseiten etwas über der Füllung einklappen, Fleischscheiben dann zu Rouladen aufrollen, mit Küchengarn umwickeln oder mit Rouladenspangen zusammenhalten. Rouladen außen mit wenig Salz und viel Pfeffer würzen.

Öl in einem großen Topf erhitzen, Rouladen darin von allen Seiten kräftig anbraten. Brühe und Rotwein angießen, Bratfond damit ablöschen. Fleisch zugedeckt bei schwacher Hitze ca. 90 Minuten schmoren lassen. Fleisch aus dem Topf nehmen, Küchengarn bzw. Spangen entfernen, auf vorgewärmten Tellern warm halten. Schmorflüssigkeit bei starker Hitze unter ständigem Rühren etwas einkochen lassen, getrennt zu den Rouladen servieren. Dazu paßt Reis oder Nudeln.

Hähnchen mit Apfel-Nuß-Füllung

1 küchenfertiges Hähnchen
1 Stange Lauch
1 Apfel
1 EL Zitronensaft
100 g Haselnußkerne
1 Bund Petersilie
50 g Butter
Salz
Pfeffer

Hähnchen innen und außen kalt abspülen und mit Küchenkrepp abtupfen. Lauch putzen, gründlich waschen und in feine Ringe schneiden. Apfel schälen, vierteln, Kerngehäuse entfernen, klein würfeln und mit Zitronensaft beträufeln. Haselnüsse mahlen. Petersilie waschen, trockentupfen, ohne die groben Stiele fein hacken.

Etwas Butter in einer Pfanne zerlassen. Lauch darin glasig dünsten, Apfelwürfel dazugeben und einige Minuten unter Rühren anbraten. Pfanne vom Herd nehmen. Haselnüsse und Petersilie zur Apfelmischung geben, mit Salz und Pfeffer abschmecken.

Hähnchen innen und außen mit Salz und Pfeffer einreiben, Apfelmasse hineinfüllen, mit Küchengarn verschließen. Backofen auf 200 Grad vorheizen, restliche Butter in einem Bräter zerlassen, Hähnchen hineingeben, mit der Butter bepinseln und auf der untersten Schiene ca. 70 Minuten im Backofen braten. Nach ca. 30 Minuten das Hähnchen wenden, häufig mit dem Bratensaft bepinseln. Zum Servieren Küchengarn entfernen, Hähnchen zerteilen, Hähnchenstücke mit der Füllung und der Bratensauce anrichten.

Kaninchenragout mit Wirsing

4 Kaninchenkeulen
2 Knoblauchzehen, Salz
4 Schalotten
1 kleine Dose geschälte Tomaten
1 Kopf Wirsing
4 EL Olivenöl, 1 TL Kräuter der Provence
150 ml Hühnerbrühe
100 g Pinienkerne

Kaninchenkeulen waschen, trockenreiben, von Sehnen und Knochen befreien und in 3 x 3 cm große Würfel schneiden. Knoblauch schälen, würfeln und mit Salz zerreiben. Das Fleisch damit einreiben. Schalotten abziehen und würfeln. Tomaten abtropfen lassen und den Saft auffangen. Wirsing putzen, dicke Blattrippen entfernen. Blätter in ca. 5 x 5 cm große Stücke schneiden und in kochendem Salzwasser 3 Minuten blanchieren. Eiskalt abschrecken. Tomaten in dicke Scheiben schneiden.

Schalottenwürfel in Öl anbraten, Fleisch zugeben und bei sanfter Hitze ca. 6 Minuten braten. Kräuter der Provence kurz mitbraten. Tomaten und Wirsing zugeben, etwas Tomatensaft und Brühe angießen, 10 Minuten schmoren lassen. Pinienkerne in einer Pfanne ohne Fett rösten und über das Ragout streuen. Dazu passen Rösti.

Nudel- und Reisgerichte

Bandnudeln mit Basilikum und Käsesauce

100 g Haselnußkerne
½ l Sahne
200 g Fontina-Käse
50 g Butter
400 g Bandnudeln
Salz
100 g Basilikum
1 Knoblauchzehe

Haselnüsse im vorgeheizten Backofen bei 175 Grad ca. 12 Minuten goldbraun rösten. In ein Sieb schütten, kalt werden lassen und die braune Haut abreiben. Nüsse grob hacken.

Für die Käsesauce die Sahne in einem Topf zum Kochen bringen. Käse entrinden, grob würfeln, in die kochende Sahne geben und mit dem Schneebesen glattrühren. Zum Schluß die Butter hineinrühren.

Bandnudeln in kochendem Salzwasser garen, abgießen. Basilikumblättchen von den Stielen streifen, grob hacken. Knoblauch schälen, halbieren, eine vorgewärmte Schüssel damit ausreiben. Nudeln mit Nüssen und Basilikum in die Schüssel schichten, mit etwas Käsesauce mischen. Die restliche Sauce separat dazu reichen.

Linguine mit Walnuß-Petersilien-Sauce

1 Scheibe Toastbrot
2 Bund Petersilie
1 Knoblauchzehe
70 g Walnußkerne
100 g Crème fraîche
3 EL Olivenöl
1 TL Zitronensaft
Salz, Pfeffer
250 g Linguine (schmale Bandnudeln)
50 g Parmesan

Brot in Wasser einweichen. Petersilie waschen und trockentupfen. Blätter von den Stielen zupfen. Knoblauch schälen, grob zerkleinern.

Nüsse, das ausgedrückte Brot, Petersilie, Knoblauch, Crème fraîche, Zitronensaft und Öl zu einer cremigen Masse pürieren. Mit Salz und Pfeffer abschmecken. Zugedeckt kühl stellen.

Nudeln in reichlich kochendem Salzwasser bißfest garen, abgießen, etwas von dem Nudelwasser auffangen. 4 EL davon unter die Sauce rühren. Nudeln auf vorgewärmten Tellern anrichten, Sauce darübergießen. Nach Belieben mit frisch geriebenem Parmesan bestreuen.

Penne mit Krebsen und Pinienkernen

24 Flußkrebse
100 g Schalotten
35 g Butter
3 TL mildes Currypulver
15 g Honig
150 ml Weißwein
400 g geschälte Tomaten
500 ml Sahne
Salz
Cayennepfeffer
40 g Rosinen
100 g Pinienkerne
1 EL Olivenöl
500 g Penne (kurze Makkaroni)
1 Bund Basilikum

Flußkrebse auftauen lassen. Schwänze mit einer leichten Drehung von den Körpern lösen. Schwanzschalen aufbrechen, Fleisch entdarmen und kalt stellen. Schalotten pellen und würfeln, mit den Krebskörpern und -schalen bei starker Hitze in der Butter anrösten, Curry schnell unterrühren. Honig, 100 ml Weißwein und Tomaten mit ihrem Saft dazugeben und 5 Minuten einkochen lassen. Mit Sahne auffüllen, mit Salz und Cayennepfeffer würzen und bei milder Hitze 10 Minuten köcheln lassen.

Rosinen in dem restlichen Weißwein kochen, bis die ganze Flüssigkeit verdampft ist. Pinienkerne im Olivenöl unter Wenden goldbraun braten.

Nudeln in reichlich kochendem Salzwasser bißfest garen, abgießen und abtropfen lassen. Sauce durch ein feines Sieb streichen und die Rückstände gut durchdrücken. Rosinen,

Krebsschwänze und die Nudeln mit der Sauce mischen und erhitzen. Basilikumblättchen abzupfen und zusammen mit den Pinienkernen über die Nudeln streuen.

Makkaroni mit Korianderpesto

1 Knoblauchzehe
2 Bund frischer Koriander
1 Bund glatte Petersilie
70 g Erdnüsse, geröstet
3 EL Sesamsamen
300 g kurze Makkaroni
1 TL Zitronensaft
100 ml Sojaöl
70 g Emmentaler
2 EL Sesamöl

Knoblauch schälen, fein hacken. Die Kräuterblättchen grob hacken. Erdnüsse grob hacken. Sesam in einer Pfanne ohne Fett leicht rösten. Nudeln in reichlich kochendem Salzwasser bißfest garen.

Knoblauch, Kräuter, Erdnüsse, Zitronensaft, Sojaöl und Käse zu einer sämigen Creme pürieren. Mit Sesamöl würzen. Pesto unter die Nudeln ziehen, Sesamsamen darüberstreuen und servieren.

Käse-Cannelloni mit Sonnenblumenkernen

150 g gekochter Schinken
Pfeffer
2 Frühlingszwiebeln
200 g Camembert
500 g Quark
1 Ei
Paprikapulver, edelsüß
Kümmel, gemahlen
1 Zwiebel
Salz
40 g Butter
30 g Mehl
500 ml Gemüsefond
150 ml Weißwein
100 ml Sahne
100 g Sonnenblumenkerne
1 Bund gemischte Kräuter
20 Cannelloniröllchen
½ Kästchen Kresse

Schinken in feine Würfel schneiden. Frühlingszwiebeln putzen, waschen und in dünne Ringe schneiden. In einem Sieb kurz in kochendes Wasser tauchen. Camembert fein würfeln, mit Quark und Ei verrühren, Schinkenwürfel und Frühlingszwiebeln unterheben, mit Salz, Pfeffer, Paprika und Kümmel abschmecken.

Zwiebel schälen, fein hacken, in der Butter andünsten, Mehl hineinrühren und kurz anschwitzen, mit Fond und Wein aufgießen, 10 Minuten köcheln lassen, Sahne unterrühren. Sonnenblumenkerne in einer Pfanne ohne Fett goldbraun rösten. Die Hälfte fein hacken.

Kräuter waschen, fein hacken, mit den gehackten Sonnenblumenkernen in die Sauce rühren, mit Salz und Pfeffer abschmecken.

Backofen auf 200 Grad vorheizen. Käsemasse in einen großen Spritzbeutel mit großer runder Tülle füllen. Masse in die Cannelloniröllchen spritzen. Eine rechteckige flache Auflaufform fetten, Cannelloni hineinschichten, Sauce darübergießen, restliche ganze Sonnenblumenkerne darüberstreuen. Im Backofen 40 Minuten goldbraun backen. Zum Servieren die Kresse darüberstreuen.

Erdnußspaghetti mit Koriander

500 g Spaghetti

6 EL Sesamöl

8 Schalotten, 4 Knoblauchzehen

4 getrocknete Chilischoten

2 EL Reisessig

1 Prise Zucker

3 EL dunkle Sojasauce

75 g Erdnüsse, gesalzen

15 Korianderblättchen

Spaghetti in reichlich kochendem Salzwasser bißfest garen. Knoblauch abziehen und durch die Presse drücken. Schalotten schälen, fein würfeln. Chilischoten sehr fein hacken. Öl in einem Topf erhitzen, Schalotten, Knoblauch und Chili darin dünsten, Reisessig, Zucker und Sojasauce zugeben, aufkochen lassen, warm stellen.

Nudeln abgießen, abschrecken und in den Topf mit der Sauce geben. Kurz heiß werden lassen. Erdnüsse und Koriander (einige Blättchen beiseite legen für die Dekoration) fein hacken und unter die Nudeln ziehen, eventuell etwas salzen. Mit Korianderblättchen garniert servieren.

Fettuccine mit Sonnenblumenkernen

100 g Sonnenblumenkerne
5 Knoblauchzehen
40 g Parmesan
20 frische Salbeiblätter
8 EL Öl
Salz
Pfeffer
250 g Fettuccine (schmale Bandnudeln)

Sonnenblumenkerne in einer Pfanne ohne Fett anrösten, einige Kerne zum Garnieren beiseite stellen. Knoblauch pellen und hacken. Parmesan reiben, Salbeiblätter in Streifen schneiden.

Sonnenblumenkerne, Parmesan, Knoblauch und 7 EL Öl fein pürieren, mit Salz und Pfeffer abschmecken. Nudeln in reichlich kochendem Salzwasser bißfest garen, abgießen, etwas von dem Kochwasser auffangen und unter die Nudeln mischen. Restliches Öl und Salbei unter die Nudeln ziehen. Auf vorgewärmten Portionstellern anrichten, Sonnenblumenkernpesto darauf verteilen, mit ganzen Kernen bestreut servieren.

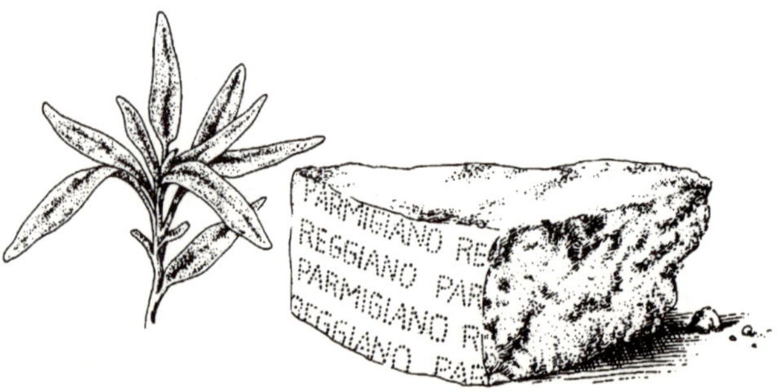

Gebratene Glasnudeln mit Rindfleisch

250 g Glasnudeln
2 EL getrocknete Shiitake-Pilze
400 g Rinderfilet
Salz, Pfeffer, 1 TL Zucker
2 EL Sojasauce, 4 EL Reiswein
2 TL Speisestärke
200 g Zuckerschoten, 100 g Bambussprossen
1 rote Paprikaschote, 1 gelbe Paprikaschote
1 rote Chilischote, 1 Zwiebel, 1 Stück Ingwer
4 EL Öl
100 ml Rinderbrühe
2 EL Sesamöl
100 g Erdnußkerne

Glasnudeln und Pilze getrennt 30 Minuten in heißem Wasser einweichen. Fleisch in feine Scheiben schneiden, mit je 1 EL Sojasauce und Reiswein, Zucker und Stärke 30 Minuten marinieren. Zuckerschoten putzen und waschen. Bambus abgetropft in dünne Streifen schneiden. Paprika putzen, waschen, weiße Innenhaut und Kerne entfernen, in schmale, kurze Streifen schneiden.

Chili entkernen, in Ringe schneiden. Zwiebel und Ingwer schälen, fein hacken. Alles in 2 EL Öl im Wok (ersatzweise einer großen beschichteten Pfanne) anbraten. Abgetropfte Pilze, Zuckerschoten und Paprika unter Rühren bißfest braten, herausnehmen, warm stellen.

Fleisch im restlichen Öl scharf anbraten, herausnehmen. Glasnudeln im Pfannenfett anbraten, Fleisch und Gemüse unterheben. Restliche Sojasauce, Reiswein, Brühe und Sesamöl verrühren, angießen, aufkochen, salzen und pfeffern. Erdnüsse grob hacken, darüberstreuen und servieren.

Safran-Gemüse-Reis

100 g Cashewkerne
1 Zimtstange
6 grüne Kardamomkapseln
4 Gewürznelken
2 Lorbeerblätter
1 Möhre
1 Kapsel Safran
1 EL Butterschmalz
250 g Basmati-Reis
150 g TK-Erbsen
½ l Gemüsebrühe
Salz
1 TL Zucker
100 g Blattspinat
Pfeffer

Cashewnüsse grob hacken und in einer Pfanne ohne Fett goldgelb rösten, herausnehmen. Gewürze ebenso ohne Fett in die Pfanne geben, unter Rühren rösten, bis sie duften. Möhre putzen, klein würfeln. Safran in 2 EL heißem Wasser auflösen.

In einem großen Topf das Butterschmalz erhitzen. Reis und Möhre darin kurz anbraten. Nüsse, Gewürze, Erbsen und Safran hinzufügen. Mit Brühe ablöschen, mit Salz und Zucker würzen. Reis aufkochen und zugedeckt bei sanfter Hitze 10 Minuten garen. In der Zwischenzeit den Spinat putzen, waschen, abtropfen lassen und in breite Streifen schneiden. Spinat unter den Reis heben und in weiteren 10 Minuten fertig garen, bis der Reis weich und die Flüssigkeit aufgesaugt ist. Mit Salz und Pfeffer abschmecken.

Risotto mit Petersilie und Pinienkernen

2 Zwiebeln
3 Knoblauchzehen
900 ml Gemüsefond
3 EL Olivenöl
300 g Risotto-Reis (Rundkorn)
50 g Pinienkerne
1 Bund glatte Petersilie
30 g Butter
1 TL abgeriebene Schale einer unbehandelten Zitrone
Salz
Pfeffer
Zucker
Parmesan

Zwiebeln und Knoblauch schälen. Zwiebeln fein würfeln, Knoblauch durch die Presse drücken. Gemüsefond erwärmen. Olivenöl in einem breiten Topf erhitzen. Zwiebeln, Knoblauch und Reis unter Rühren glasig braten. Gemüsefond nach und nach dazugeben. Risotto bei milder Hitze in insgesamt 30 Minuten ausquellen lassen. Dabei immer wieder umrühren, damit der Reis nicht ansetzt.

In der Zwischenzeit die Pinienkerne in einer Pfanne ohne Fett goldbraun rösten. Petersilie fein hacken. Petersilie, Butter, Zitronenschale unter den fertigen Reis geben, mit Salz, Pfeffer und 1 Prise Zucker würzen.

Risotto auf einer Platte anrichten, mit Pinienkernen bestreut servieren. Ein Hauch frisch geriebener Parmesan rundet den Risotto ab.

Gemüse-Pilaw mit Korinthen und Mandeln

250 g Langkornreis
1 Kapsel Safran
Salz
1 Zwiebel
1 rote Paprikaschote
1 rote Chilischote
200 g Möhren
300 g Blattspinat
50 g Korinthen
50 g Mandelsplitter
50 g Butter
100 ml Gemüsefond
Cayennepfeffer

Reis und Safran in 700 ml kochendes, gesalzenes Wasser geben und bei milder Hitze 20 Minuten garen. Anschließend in einem Sieb abtropfen lassen. Zwiebel schälen und fein würfeln. Paprika- und Chilischote längs halbieren, entkernen und in feine Würfel schneiden. Möhren putzen und ebenfalls fein würfeln. Spinat putzen, gründlich waschen, tropfnaß in einem Topf unter Wenden zusammenfallen lassen, gut ausdrücken und grob hacken. Korinthen in warmem Wasser einweichen.

Mandelsplitter in einer Pfanne ohne Fett rösten, herausnehmen. Dann die Butter in der Pfanne erhitzen. Zwiebel, Paprika, Chili, Möhren und die abgetropften Korinthen darin andünsten. Mit Fond ablöschen, zugedeckt bei milder Hitze 10 Minuten garen. Reis, Spinat und die Hälfte der Mandelsplitter unterheben, erwärmen, mit Salz und Cayennepfeffer würzen. Pilaw mit den restlichen Mandelsplittern bestreut servieren.

Exotischer Reis mit Erdnüssen

2 Bund Lauchzwiebeln
400 g Roastbeef
2 EL Sojasauce
1 kleine Dose Ananasstücke
3 EL Öl
300 g Basmati-Reis
1 Schalotte
100 g Erdnüsse, gesalzen und geröstet
½ TL Koriander
½ TL Kreuzkümmel
1 Msp. Ingwer
1 TL Zucker
1 EL Zitronensaft
½ TL Cayennepfeffer
250 g Kokosmilch, ungesüßt

Lauchzwiebeln putzen, waschen, in 1 cm breite Stücke teilen. Fleisch in schmale Streifen schneiden, mit Sojasauce mischen. Ananas gut abtropfen lassen, mit Lauch in 1 EL Öl in einer tiefen Pfanne andünsten. Reis und 800 ml Wasser zugeben, 10 Minuten köcheln.

Schalotte abziehen, fein würfeln. Erdnüsse fein hacken, mit Schalotte, Koriander, Kreuzkümmel, Ingwer, Zucker, Zitronensaft, Cayennepfeffer und Kokosmilch verrühren.

Fleisch in 2 EL Öl in einer Pfanne kräftig anbraten, salzen, herausnehmen. Erdnußsauce erhitzen, Fleisch ca. 10 Minuten darin garen, dann mit dem Reis anrichten.

Nasi Goreng

250 g Langkornreis
Salz, Pfeffer
2 Zwiebeln, 2 Knoblauchzehen
200 g Möhren, 300 g Weißkohl
50 g gekochter Schinken in dünnen Scheiben
250 g Hähnchenbrustfilet
5 EL Öl
300 g TK-Shrimps
1 TL Sambal oelek
2 EL Sojasauce
3 Eier, 2 TL Butter
100 g Erdnüsse
Salatgurke zum Garnieren
1 Pck. Krupuk (Krabbenbrot)

Reis in 500 ml Salzwasser ca. 15 Minuten garen, ganz abkühlen lassen. Zwiebeln und Knoblauch schälen, fein hakken. Möhren und Weißkohl putzen, waschen, in feine Streifen schneiden. Schinken in Streifen schneiden. Hähnchenbrustfilet abbrausen, trockentupfen, in dünne Scheiben schneiden. Fleisch in 2 EL Öl in einer kleinen Pfanne rund herum anbraten, salzen und herausnehmen. Shrimps in derselben Pfanne anbraten, herausnehmen und warm stellen. Zwiebel und Knoblauch in 2 EL Öl anschwitzen, Möhren zugeben und mit einigen EL Wasser 6 Minuten garen. Kohl zufügen, einige Minuten dünsten, bis das Gemüse bißfest ist. 1 EL Öl in einer großen Pfanne erhitzen, Reis gut durchbraten, Fleisch, Gemüse und Shrimps unterheben, mit Sambal und Sojasauce würzen. Erdnüsse grob hacken. Eier mit Salz und Pfeffer verquirlen, in 2 TL Butter ein Omelett backen, in Streifen schneiden und mit den Erdnüssen auf dem Reis verteilen. Mit Gurkenscheiben garnieren. Krupuk dazu servieren.

Nuß-Wildreis mit Kaninchenfilet

160 g Wildreis
Salz, Pfeffer
ca. 1200 g Kaninchenrücken (400 g Kaninchenrückenfilet)
200 g Suppengrün, 2 Schalotten
2 TL Tomatenmark
100 ml Rotwein
50 g Walnußkerne
20 g Pumpernickel
30 g Butter

Den Wildreis in reichlich Salzwasser einmal aufkochen. Bei schwacher Hitze 45 Minuten zugedeckt ausquellen, dann abtropfen lassen, warm halten.

In der Zwischenzeit Kaninchenrückenfilets auslösen und häuten. Die Knochen klein hacken und in einer beschichteten Pfanne anrösten. Schalotten abziehen, grob würfeln, Suppengrün ebenfalls würfeln, beides mit dem Tomatenmark zu den Knochen geben, mit dem Wein und 500 ml Wasser ablöschen. Bei mittlerer Hitze 20 Minuten kochen, durch ein Sieb gießen und auffangen.

Walnüsse und Pumpernickel hacken, in 10 g geschmolzener Butter leicht anrösten und beiseite stellen. Filets mit Salz und Pfeffer würzen und im restlichen Fett sanft von jeder Seite 4 Minuten braten. Fleisch in Scheiben schneiden und mit dem Reis anrichten. Mit Nüssen und Bröseln bestreuen und warm halten. Vorbereiteten Fond zum Bratensatz gießen, bei starker Hitze etwas einkochen lassen und über das Fleisch träufeln.

Gemüsegerichte

Spanisches Kartoffel-Paprika-Omelett

100 g Feldsalat
2 Tomaten
600 g kleine Kartoffeln
3 Zwiebeln
1 rote Paprikaschote
1 kleine Dose Mais
4 EL Olivenöl
100 g Sonnenblumenkerne
6 Eier
6 EL Milch
Salz, Pfeffer, Cayennepfeffer
2 EL Essig
1 Prise Zucker
3 EL Öl

Feldsalat putzen, waschen, trockenschleudern. Tomaten waschen, vierteln, entkernen, in dünne Spalten schneiden. Kartoffeln waschen, schälen, in sehr dünne Scheiben schneiden, mit Küchenkrepp abtupfen. Zwiebeln schälen. 2 Zwiebeln halbieren und längs in Streifen schneiden, die dritte Zwiebel fein würfeln. Paprikaschote vierteln, putzen, waschen und in kurze schmale Streifen schneiden. Mais abtropfen lassen.

In einer großen Pfanne das Olivenöl erhitzen, Kartoffeln unter häufigem Wenden 12 Minuten braten. Sonnenblumenkerne, Zwiebel- und Paprikastreifen unterheben, etwa 8 Minuten mitbraten. Inzwischen Eier mit Milch verquirlen, mit Salz und Cayennepfeffer würzen.

Mais unter die Kartoffeln heben, Eiermilch darübergießen. Bei milder Hitze ca. 6 Minuten zugedeckt stocken lassen.

Für den Salat aus Essig, Salz, Pfeffer, Zucker und Öl eine Marinade rühren. Feldsalat mit Tomaten mischen und mit der Sauce anmachen. Omelett auf einen großen Teller gleiten lassen, achteln. Pro Person 2 Achtel mit Salat auf einem Teller anrichten.

Bratkartoffeln mit Nüssen

750 g Kartoffeln
30 g Butter
Salz
1 Knoblauchzehe
Pfeffer
3 EL Walnußöl
50 g Walnußkerne
1 Bund glatte Petersilie

Kartoffeln waschen, in Salzwasser garen, schälen und in Scheiben schneiden. In einer Pfanne bei milder Hitze im Fett 10 Minuten von allen Seiten braten. Knoblauch schälen, fein würfeln und zusammen mit Pfeffer, Salz und Nußöl in die Pfanne geben. 5 Minuten bei kräftiger Hitze braten, bis die Kartoffeln goldbraun sind. Nüsse hacken, 2 Minuten mitbraten. Petersilie waschen, trockentupfen, von den Stielen streifen und grob hacken, über die Kartoffeln streuen und mit Kopfsalat servieren.

Pilzragout mit Erdnüssen

1 Pck. TK-Kroketten (450 g)
2 Zwiebeln
2 Knoblauchzehen
3 Frühlingszwiebeln
300 g Pfifferlinge
300 g Champignons
300 g Austernpilze
2 EL Butter
⅛ l Weißwein
Salz
Pfeffer
250 ml Sahne
1 Bund Petersilie
100 g geröstete Erdnüsse

Kroketten nach Packungsanleitung im Backofen zubereiten. Zwiebeln und Knoblauchzehen abziehen, Zwiebeln würfeln und Knoblauch durch die Presse drücken. Frühlingszwiebeln putzen, waschen und in Ringe schneiden. Pilze putzen und je nach Größe vierteln oder halbieren. Zwiebeln in erhitzter Butter kurz andünsten, Pilze, Frühlingszwiebeln und Knoblauch zufügen, mit Weißwein ablöschen, mit Salz und Pfeffer würzen und mit Sahne verfeinern. Petersilie waschen, trockentupfen, fein hacken und die Hälfte mit den Erdnüssen unter das Ragout geben, 10 Minuten köcheln lassen. Pilzragout mit restlicher Petersilie bestreut anrichten und mit den Kroketten servieren.

Schwarzwurzelgratin mit Schinken und Gorgonzola

1 kg frische Schwarzwurzeln
1 EL Mehl
3 EL Essig
Salz
10 Kirschtomaten
200 g gekochter Schinken
250 g Gorgonzola
150 ml Sahne
2 Eigelb
Pfeffer
Muskat
5 EL Haselnußblättchen

Einen großen Topf mit Wasser vorbereiten, 1 EL Essig und 1 EL Mehl hineingeben. Die frischen Schwarzwurzeln unter fließendem Wasser gründlich abreiben. Mit dem Spargelschäler vom dicken zum dünnen Ende hin abschälen. Stangen schräg in 4 – 5 cm lange Stücke schneiden und sofort in das vorbereitete Essigwasser legen, sonst verfärben sie sich bräunlich. Reichlich Salzwasser mit 2 EL Essig zum Kochen bringen, Schwarzwurzeln 20 Minuten darin garen. Ab-schrecken und abtropfen lassen.

Tomaten waschen und halbieren. Backofen auf 200 Grad vorheizen. Schinken in 1 cm breite Streifen schneiden. Eine Gratinform einfetten, Schwarzwurzeln hineinschichten, Schinkenstreifen darauf verteilen. Käse klein würfeln. Sahne mit Eigelb verquirlen, mit wenig Salz, Pfeffer und Muskat würzen. Käsewürfel unterheben und über das Gemüse gießen. Tomatenhälften darauf verteilen, Nüsse darüberstreuen. Im Ofen 40 Minuten gratinieren.

Gemüsegratin mit Senfkruste

200 g Champignons
1 EL Zitronensaft
300 g Möhren
¼ Kopf Wirsing
1 Stange Lauch
1 Zwiebel
100 g Butter
Salz, Muskat, Pfeffer
70 ml Gemüsebrühe
150 g mittelalter Gouda
3 EL fein gehackte, gemischte Kräuter
4 cl Wermut
200 ml Sahne
1 Eigelb
100 g Mandeln
30 g Semmelbrösel
2 EL körniger Senf

Pilze mit Küchenpapier abreiben, putzen und in dünne Scheiben schneiden, mit Zitronensaft beträufeln. Möhren, Wirsing und Lauch putzen, waschen. Möhren in dünne Scheiben hobeln, Wirsing in mundgerechte Stücke und Lauch schräg in Ringe teilen. Zwiebel abziehen, fein würfeln. Mandeln überbrühen und abziehen.

Backofen auf 200 Grad vorheizen. Ein Drittel der Butter mit Salz und Muskat verrühren, in eine Pfanne geben, heiß werden lassen, Zwiebel darin andünsten, Möhren zugeben, anschwitzen, Brühe angießen und alles 4 Minuten dünsten. Dann den Wirsing zugeben, weitere 4 Minuten dünsten und zum Schluß den Lauch untermischen, alles gut mischen und weitere 4 Minuten dünsten.

Käse grob raffeln. Gedünstetes Gemüse mit den Pilzen vermengen, mit Salz, Pfeffer, Kräutern und Wermut würzen,

Käse dazugeben. In 2 möglichst flache Auflaufformen füllen. Sahne mit Eigelb verquirlen, über das Gemüse verteilen. Mandeln mahlen, mit Bröseln, Senf und einem weiteren Drittel der Butter verrühren, mit Salz und Pfeffer würzen, auf dem Gratin verteilen. Im Ofen auf der mittleren Schiene ca. 25 Minuten backen. Zum Schluß die restliche Butter schmelzen und über den Gratin gießen. 8 Minuten auf der mittleren Schiene im Backofen goldbraun übergrillen.

Möhrenpuffer mit Nußsahne

500 g Möhren
2 Eier
2 EL Mehl
1 Bund glatte Petersilie
½ TL Fenchelsamen
Salz, Pfeffer
1 Prise frisch gemahlener Koriander
3 EL Öl
150 g Sahne
100 g Walnüsse
1 Prise Zucker
einige Walnußhälften zum Garnieren

Möhren schälen, grob raspeln und in eine Schüssel geben, Eier und Mehl unterrühren. Petersilie waschen, trockentupfen und fein hacken. Fenchelsamen zerdrücken, mit Petersilie unter den Möhrenteig rühren, mit Salz, Pfeffer und Koriander abschmecken. Öl in einer Pfanne erhitzen, aus der Möhrenmasse kleine Puffer abstechen und im Öl goldbraun braten. Sahne halbsteif schlagen, Nüsse unterheben, mit Salz und Zucker abschmecken, mit einigen Walnußhälften garnieren. Möhrenpuffer mit Nußsahne auf Tellern anrichten, mit frischen Kräutern garnieren.

Würzige Gemüsepfanne mit Cashewnüssen

1 Stange Lauch
2 Möhren
½ Chinakohl
100 g Zuckerschoten
3 Frühlingszwiebeln
100 g Bambussprossen
100 g Champignons
150 g Blumenkohlröschen
250 g Basmati-Reis
1 Knoblauchzehe
2 cm Ingwerwurzel
1 getrocknete Chilischote
2 EL Öl
1 EL Nußöl
Salz, Pfeffer, Zucker
1 EL Sojasauce
2 EL Sherry
50 ml Hühnerbrühe
150 g Cashewkerne

Gemüse putzen und zerkleinern. Lauch quer in dünne Scheiben, Möhren längs in feine Scheiben und dann in schmale, kurze Streifen schneiden. Chinakohl in 2 cm breite Streifen schneiden. Zuckerschoten, wenn nötig, entfädeln. Frühlingszwiebeln in Ringe, Bambussprossen in fingerbreite Streifen schneiden. Pilze je nach Größe halbieren oder vierteln. Blumenkohl in walnußgroße Röschen teilen.

Reis nach Packungsanleitung garen. Knoblauch und Ingwerwurzel schälen, klein würfeln. Chilischote entkernen, in feine Streifen schneiden. Öl in einer beschichteten Pfanne erhitzen, Ingwer, Knoblauch und Chili darin andünsten. Erst die festeren Gemüsearten portionsweise unter Rühren bißfest braten, dann die zarteren. Zum Schluß mit Salz, Pfeffer und Zucker würzen. Sojasauce, Sherry und Brühe hinzufügen, alles aufkochen lassen und etwa 2 Minuten in der Pfanne rühren. Cashewkerne in einer weiteren beschichteten Pfanne rösten, grob hacken und über das Gemüse geben, mit dem Reis servieren.

Marinierter Porree mit Nüssen

1500 g Porree
1 EL Essig
Salz
1 EL Öl
1 EL Sesamöl
30 g Cashewkerne
30 g Erdnüsse
30 g Pistazien
2 EL Sesamsaat
20 g Butter
1 TL Curry
1 Ei

Ei hartkochen, abschrecken und auskühlen lassen. Porree putzen, waschen, in kurze Stücke schneiden, mit etwas Wasser zum Kochen bringen und in ca. 20 Minuten weich garen. Aus Essig, Salz und Öl eine Marinade rühren, heißen Porree hineingeben und zum Marinieren beiseite stellen. Nüsse hacken und zusammen mit dem Sesam in einer Pfanne ohne Fett goldbraun rösten, Butter, Curry und Salz zugeben und noch 1 Minute erhitzen. Ei schälen, würfeln und untermischen. Lauwarmen Porree auf Teller verteilen, mit der Nußmischung bestreuen und servieren.

Blumenkohl in Orangensauce mit Kokosreis

1 kg Blumenkohl
200 g frische Shiitake-Pilze
200 g Schalotten
1 rote Chilischote, 10 g frische Ingwerwurzel
75 g Macadamianüsse, geröstet und gesalzen
300 g Basmati-Reis
5 EL Erdnußöl
400 ml Kokosmilch, ungesüßt
Salz
1 EL Curry, 1 TL Kurkuma, 1 EL Koriander
1 TL Schwarzkümmel, 1 TL Kardamom
500 ml Orangensaft
1 EL Speisestärke
etwas Koriandergrün

Blumenkohl putzen und in gleichgroße Röschen teilen. Stiele von den Shiitake-Pilzen abschneiden, Pilze halbieren. Schalotten pellen und in Ringe schneiden. Chilischote putzen und fein würfeln. Ingwer schälen und fein würfeln. Nüsse grob hacken.

Reis in 3 EL Öl anschwitzen. Kokosmilch glattrühren und mit 200 ml Wasser und etwas Salz unter den Reis mischen. Einmal aufkochen lassen und im geschlossenen Topf auf kleinster Stufe in 20 Minuten gar ziehen lassen.

Schalotten im restlichen Öl goldbraun braten. Alle Gewürze und Ingwer- und Chiliwürfel schnell unterrühren. Mit Orangensaft auffüllen und aufkochen lassen. Stärke mit etwas Wasser glattrühren, in die Orangensauce einrühren, 10 Minuten leise kochen lassen. Mit Salz abschmecken.

Inzwischen den Blumenkohl in Röschen zerteilen und in Salzwasser ca. 8 Minuten bißfest garen. Mit der Schaumkelle herausnehmen, in einem Sieb gut abtropfen lassen und mit den Pilzen in die Orangensauce geben. Weitere 3 Minuten kochen lassen. Blumenkohl anrichten, die abgezupften Korianderblätter darüberstreuen. Kokosreis in einer Schüssel anrichten. Nüsse je zur Hälfte über den Reis und den Blumenkohl streuen.

Brokkoli-Quiche mit Sonnenblumenkernen

200 g Weizen(vollkorn)mehl
150 g Butter
Salz, Pfeffer, Muskat,
4 Eier
700 g Brokkoli
300 ml Sahne
2 EL Zitronensaft, ½ TL Thymian
4 EL Sonnenblumenkerne

Mehl mit 125 g Butter, Salz und 1 Ei zu einem Mürbteig verarbeiten und 20 Minuten kalt stellen. Brokkoli putzen, waschen, in gleich große Röschen teilen, in reichlich Salzwasser 4 Minuten blanchieren, kalt abschrecken und gut abtropfen lassen.

Backofen auf 200 Grad vorheizen. Die übrigen Eier, Sahne und Zitronensaft gut verrühren, mit Thymian, Salz, Pfeffer und Muskat abschmecken. Teig etwas größer als die Quicheform (28 cm Durchmesser) ausrollen. Form mit der übrigen Butter fetten, mit Teig auskleiden und den überstehenden Rand abschneiden. Brokkoli gleichmäßig auf dem Teig verteilen, mit Eiersahne übergießen und 30 Minuten backen.

Sonnenblumenkerne in einer Pfanne ohne Fett rösten, auf die Quiche geben und weitere 15 Minuten fertig backen.

Kartoffelgratin mit Mandeln

1 kg Kartoffeln
100 g Mandeln
Salz
Pfeffer
Muskat
100 g alter Gouda
Butter für die Form
1 Bund Petersilie
100 ml Sahne

Kartoffeln gründlich waschen, mit der Schale in Salzwasser nicht zu weich kochen. Abgießen, schälen, gut auskühlen lassen. Backofen auf 225 Grad vorheizen. Mandeln überbrühen und abziehen, in einer Pfanne ohne Fett anrösten, dann eine Hälfte mahlen, die andere Hälfte vierteln. Käse reiben.

In einem Schälchen die gemahlenen Mandeln mit Salz, Pfeffer, Muskat und der Hälfte des Käses mischen. Kartoffeln in dünne Scheiben schneiden, dann dachziegelartig in eine gefettete Auflaufform setzen. Käse-Mandel-Mischung gleichmäßig dazwischen verteilen.

Petersilie waschen, trockenschleudern, Blättchen abzupfen, grob hacken, mit dem übrigen Käse vermischen und über die Kartoffeln geben. Sahne mit Salz und Pfeffer würzen, darübergießen. Auf der zweiten Schiene von oben 15 Minuten goldbraun gratinieren.

Asiatische Bohnenpfanne

600 g Prinzeßbohnen
Salz
250 g Möhren
2 Stangen Sellerie
500 g Rinder-Hüftsteak
5 EL Öl
Cayennepfeffer
4 EL Sojasauce
2 EL Zitronensaft
100 ml Gemüsebrühe
1 Msp. Ingwerpulver
150 g Cashewkerne

Bohnen putzen, waschen, je nach Länge quer halbieren. In kochendem Salzwasser 8 Minuten garen, abschrecken und abtropfen lassen. Möhren putzen, schälen, in kurze Stifte schneiden. Sellerie putzen, waschen, in kurze Stifte schneiden.

Fleisch kalt abbrausen, trockentupfen, in ½ cm dicke Streifen schnetzeln. 2 EL Öl in einem Wok oder einer beschichteten Pfanne erhitzen, Fleisch unter Rühren darin anbraten, mit Cayennepfeffer und Salz würzen. Herausnehmen und warm stellen. Gemüse (ohne Bohnen) portionsweise unter Rühren im übrigen Öl in der Pfanne bißfest braten, salzen.

Gemüse mit Bohnen und Fleisch in die Pfanne geben, mit Sojasauce, Zitronensaft, Brühe und Ingwer würzen. Unter Rühren erwärmen, abschmecken. Cashewkerne vierteln und in einer Pfanne ohne Fett leicht anrösten, über die Bohnenpfanne streuen und servieren.

Gebratene Austernpilze mit Porree

100 g Erdnüsse
2 rote Chilischoten
3 mittelgroße Stangen Porree
Salz
700 g Austernpilze
8 EL Erdnußöl
60 g kalte Butter
125 ml Gemüsefond
3 EL Balsamico
Pfeffer
Zucker

Erdnüsse grob hacken, in einer Pfanne ohne Fett goldbraun rösten. Chilischoten längs halbieren, entkernen, sehr fein würfeln. Porree putzen, in schräge, ca. 1 cm dicke Scheiben schneiden und in Salzwasser 3 Minuten blanchieren. Dann in ein Sieb geben, abschrecken und gründlich abtropfen lassen.

Pilze mit einem Tuch abreiben, große Pilze in mundgerechte Stücke teilen. Erdnußöl und die Hälfte der Butter in einer großen Pfanne sehr heiß werden lassen. Pilze darin unter Wenden scharf anbraten. Mit Fond ablöschen und dicklich einkochen. Mit Balsamico, Salz, Pfeffer und 1 Prise Zucker würzen. Chili und Porree dazugeben und ca. 1 Minute unter Wenden erwärmen. Zuletzt die restliche Butter in Flöckchen unterrühren und mit Erdnüssen bestreut servieren.

Mandel-Brokkoli mit Bohnensprossen

100 g Mandeln
250 g Möhren
1 EL Butter
¼ l Gemüsebrühe
500 g Brokkoli
Pfeffer
1 Prise Muskat
300 g Tomaten
Salz
1 Msp. Thymian
100 g Bohnensprossen

Mandeln überbrühen, häuten, halbieren. Möhren waschen, schälen, in feine Scheiben schneiden. Butter erhitzen, Möhren darin andünsten, mit der Brühe ablöschen und 10 Minuten dünsten. Brokkoli waschen, putzen und in Röschen teilen. Dicke Stiele schälen und in Scheibchen schneiden. Die zarten grünen Blättchen ebenfalls verwenden. Alles auf die Möhren schichten, mit Pfeffer und Muskat würzen, zugedeckt 7 Minuten weiter dämpfen.

Tomaten waschen, Stielansätze herausschneiden, halbieren und pürieren. Durch ein Sieb streichen, mit Salz und Thymian würzen. Gemüsefond abgießen und mit dem Tomatenpüree mischen. Rasch erhitzen, Bohnensprossen einmal kurz darin wenden.

Mandelhälften in einer Pfanne ohne Fett rösten. Gemüse in eine Schüssel geben. Mit der Sprossensauce umgießen, mit Mandeln bestreuen.

Kartoffelnester mit Walnüssen und Koriander

1 kg mehligkochende Kartoffeln
1 Knolle Sellerie
Salz
Pfeffer
100 g Butter
8 EL Öl
1 Bund frischer Koriander
200 g Walnußkerne
4 Eigelb

Kartoffeln und Sellerie schälen, waschen und in sehr feine Streifen schneiden oder grob raspeln. Salzen und pfeffern. Butter mit der Hälfte des Öls in einer großen beschichteten Pfanne erhitzen, Kartoffelmasse hineingeben, zu einem Pfannkuchen zusammendrücken und vier gleichgroße Vertiefungen hineindrücken. Bei milder Hitze mit geschlossenem Deckel 30 Minuten garen.

In der Zwischenzeit die Korianderblätter von den Stielen zupfen und die Walnußkerne grob zerkleinern, dann im restlichen Öl rösten. In jede Vertiefung der Kartoffelnester 1 Eigelb gleiten lassen. Je nach Vorliebe den Deckel wieder aufsetzen und das Ei stocken lassen oder die Nester mit rohem Eigelb servieren. Mit Korianderblättchen und Walnüssen bestreuen.

Blumenkohlrohkost mit Erdnußsauce

125 g gesalzene Erdnüsse
2 EL Sojasauce, etwas Sambal oelek
4 EL Joghurt
200 g Blumenkohl, 2 Möhren
2 EL Rosinen, 2 EL Erdnüsse

Erdnüsse fein mahlen. Mit 100 ml Wasser und Sojasauce unter Rühren aufkochen. Sambal oelek und Joghurt zugeben, erkalten lassen. Blumenkohl putzen und hobeln. Möhren putzen und grob raspeln, auf einer Platte das Gemüse anrichten. Sauce in die Mitte geben, mit Rosinen und Erdnüssen bestreut servieren.

Grüner Spargel mit Pinienkernen

600 g grüner Spargel
Salz, 1 Prise Zucker
½ EL Butter
6 EL Olivenöl
2 EL Sherry-Essig, Pfeffer
80 g Pinienkerne
2 EL gehackte Petersilie

Spargel sparsam schälen und in Salzwasser mit Butter und 1 Prise Zucker bißfest kochen, abschrecken und längs halbieren. Gut zwei Drittel des Öls mit Essig, Salz und Pfeffer verrühren und mit dem Spargel mischen. Pinienkerne im restlichen Öl goldbraun rösten, mit der Petersilie über den Spargel streuen.

Grüne Bohnen mit Kartoffelrauten und Paprikapesto

350 g mehligkochende Kartoffeln, Salz
3 Zweige Petersilie
2 Zweige Thymian
80 g Speisestärke
7 EL Olivenöl, 2 Eigelb
Pfeffer, 450 g rote Paprikaschoten
100 g Pinienkerne
50 g Parmesan im Stück
2 Knoblauchzehen
400 g grüne Bohnen
etwas Mehl zum Bearbeiten
100 g Schalotten
2 Zweige Basilikum

Kartoffeln mit der Schale in Salzwasser weich kochen, pellen und durch die Kartoffelpresse drücken. Petersilie und Thymian fein hacken. Kartoffeln mit Kräutern, Speisestärke, 2 EL Öl und Eigelb verkneten, salzen und pfeffern. Teig abgedeckt eine Stunde ruhen lassen. Paprikaschoten vierteln, putzen und mit der Hautseite nach oben auf ein Backblech legen. Unter dem Grill auf der obersten Einschubleiste 8 Minuten rösten, aus dem Ofen nehmen und mit einem feuchten Tuch 10 Minuten bedecken, dann die Haut abziehen.

Pinienkerne in 1 EL Olivenöl goldbraun rösten. Gehäutete Paprikaschoten grob würfeln. Knoblauch pellen. Drei Viertel der gerösteten Pinienkerne samt Öl zusammen mit dem Knoblauch, Paprikawürfeln und der Hälfte des Parmesan nicht zu fein pürieren. Salzen und pfeffern. Bohnen putzen und halbieren, in wenig kochendem Salzwasser 8 Minuten garen, abschrecken und abtropfen lassen.

Kartoffelteig auf einer leicht bemehlten Arbeitsfläche

5 mm dick ausrollen und in 2 cm breite und 4 cm lange Rauten schneiden. Kartoffelrauten in kochendes Salzwasser gleiten lassen. Topf etwas von der Kochstelle ziehen und die Rauten 5 Minuten gar ziehen lassen. In der Zwischenzeit die Schalotten pellen, fein würfeln und in einer großen Pfanne im restlichen Öl andünsten. Bohnen dazugeben, salzen, pfeffern und erhitzen. Kartoffelrauten mit einer Schaumkelle aus dem Wasser heben, abtropfen lassen und behutsam mit den Bohnen mischen. Nachwürzen und auf Tellern anrichten. Paprikapesto darauf verteilen, den restlichen Parmesan dünn darüberhobeln. Mit den restlichen Pinienkernen und Basilikumblättchen bestreuen.

Desserts mit Nüssen und Kernen

Apfelschmarren mit Walnüssen

120 g Puderzucker
⅛ l Sahne
40 g Mehl
⅛ l Milch
4 Eier
Salz
1 TL abgeriebene Schale einer unbehandelten Zitrone
1 Pck. Vanillezucker
500 g Äpfel
2 EL Zitronensaft
30 g Butterschmalz
50 g Butter
150 g frische Walnüsse
4 cl Calvados

Für die Karamelsauce 100 g Puderzucker in einen Topf geben und bei mittlerer Hitze zu einem kräftigen braunen Karamel schmelzen. Die Sahne zugießen und unter Rühren weiterkochen, bis sich der Karamel aufgelöst hat. Die Sauce zum Erkalten beiseite stellen.

Für den Apfelschmarren das Mehl in eine Schüssel geben. Milch nach und nach mit einem Schneebesen unter das Mehl rühren. Eier, Salz, Zitronenschale und Vanillezucker unterrühren. Den Teig 30 Minuten quellen lassen. Äpfel schälen, vierteln, Kerngehäuse entfernen und die Apfelviertel in nicht zu dünne Spalten schneiden. Äpfel mit Zitronensaft mischen und in einem breiten Topf zugedeckt bei mittlerer Hitze knapp weich dünsten. Die Äpfel sollten nicht zerfallen. Backofen auf 200 Grad vorheizen. Butterschmalz in eine Pfanne mit ofenfestem Griff oder eine Auflaufform geben und im Ofen sehr heiß werden lassen. Teig hineingeben und im Backofen 15 Minuten stocken lassen. Schmarren herausnehmen. In einer Pfanne etwas Butter erhitzen,

Schmarren mit 2 Gabeln grob zerzupfen und in der Pfanne unter Wenden leicht bräunen. Auflaufform nochmals einfetten und in den abgeschalteten, noch heißen Ofen schieben.

Walnüsse vierteln. Schmarrenstücke, Äpfel und Walnüsse in die vorgewärmte Auflaufform schichten, mit Calvados beträufeln, mit Karamelsauce begießen und den restlichen Puderzucker darüberstäuben. Auflaufform für ca. 7 Minuten unter dem Grill karamelisieren. Apfelschmarren in der Form warm servieren.

Mandelpudding mit Erdbeeren

100 g Mandeln

½ l Milch

1 Prise Salz

Mark einer Vanilleschote

1 Pck. Vanille-Puddingpulver

80 g Zucker

30 g Butter

500 g Erdbeeren

2 EL Amaretto

1 EL Pistazienkerne

1 Becher Sahne

Mandeln überbrühen, abziehen, in einer Pfanne ohne Fett rösten, mahlen. Puddingpulver mit 50 g Zucker und etwas von der Milch anrühren. Restliche Milch mit Salz und Vanillemark zum Kochen bringen, angerührtes Puddingpulver hineingeben und einmal aufkochen, Butter unterziehen. In kalt ausgespülte Förmchen füllen, kalt stellen.

Erdbeeren waschen, putzen, in Scheiben schneiden. Mit 30 g Zucker und Amaretto ziehen lassen. Pudding stürzen, mit Erdbeeren belegen, mit halbierten Pistazien garnieren. Sahne halbsteif schlagen und dazu reichen.

Nußeisbombe mit Orangenkaramel

Für 12 Portionen:

Für den Orangenkaramel:
100 g Puderzucker
150 ml Orangensaft
abgeriebene Schale einer unbehandelten Orange
50 g Butter

Für das Nußeis:
1 Vanilleschote
¼ l Milch, 4 Eigelb
75 g Puderzucker
1 Glas Haselnußmus (a. d. Reformhaus)
⅛ l Sahne, 75 g Borkenschokolade

Für den Orangenkaramel den Puderzucker als Häufchen in einen Topf geben und erhitzen. Wenn der Zucker zu schmelzen beginnt, ihn unter Rühren auflösen und goldbraun karamelisieren. Mit dem Orangensaft ablöschen und so lange leise kochen lassen, bis sich der Karamel im Saft gelöst hat. Vom Herd nehmen. Orangenschale und Butter unterrühren, Karamel leicht sirupartig einkochen lassen, kalt stellen. Eine Form mit 1,5 l Fassungsvermögen ins Gefrierfach stellen.

Vanilleschote aufschlitzen, Mark herauskratzen und zusammen mit der Schote in die Milch geben und ganz langsam zum Kochen bringen. Eigelb mit Puderzucker schaumig schlagen. Vanilleschote aus der Milch nehmen. Die kochend heiße Milch nach und nach unter die Eigelbmasse ziehen und im Wasserbad schaumig-cremig aufschlagen, dabei bis kurz vor dem Siedepunkt erhitzen, aber nicht kochen lassen. Das Haselnußmus gut verrühren, nach und nach unter die Masse ziehen. Schüssel in Eiswasser stellen und die Masse kalt schlagen. Nußmasse im Kühlschrank mindestens eine Stunde gut durchkühlen lassen. In die Eismaschine geben und cremig fest werden lassen. Die Hälfte der Masse in die Form streichen, die vorbereitete Karamelsauce daraufgießen, die restliche Masse einfüllen und wie bei einem Marmorkuchen mit einer Gabel spiralförmig durch die Form ziehen. Die Eisbombe im Gefrierschrank ganz fest werden lassen. Vor dem Servieren aus dem Gefrierschrank nehmen, dick in Zeitungspapier wickeln und für 30 Minuten in den Kühlschrank stellen. Eisbombe aus der Form drücken und auf einer vorgekühlten Platte anrichten. Wieder kalt stellen. Sahne steif schlagen und mit dem Spritzbeutel als Tupfen um die Eisbombe spritzen. Mit klein gehackter Borkenschokolade garnieren.

Erdbeeren mit Mascarponesauce und Pinienkernen

Für 4 – 6 Personen:

3 Eigelb, 75 g Zucker

150 g Mascarpone

200 ml Sahne

1 kg Erdbeeren

80 g brauner Zucker

6 EL Amaretto, 100 g Pinienkerne

Eigelb mit Zucker dick-schaumig schlagen, Mascarpone unterrühren. Sahne steif schlagen und ebenfalls unterrühren. Kalt stellen. Erdbeeren waschen und putzen, längs halbieren. 30 Minuten vor dem Servieren 60 g braunen Zucker darüberstreuen und den Amaretto darübergießen, zugedeckt ziehen lassen. Pinienkerne in einer Pfanne ohne Fett hellbraun rösten, aus der Pfanne nehmen. Erdbeeren auf Portionstellern anrichten, mit der Mascarponesauce begießen, mit restlichem Zucker und Pinienkernen bestreuen.

Heidelbeercreme mit Sonnenblumenkernkrokant

Für den Krokant:

1 EL Öl

100 g Zucker

100 g Sonnenblumenkerne

Für die Quarkcreme:

300 g frische Heidelbeeren

3 EL Zucker

300 g Aprikosen

200 ml Sahne

1 Pck. Vanillezucker

250 g Quark

Ein Backblech dünn mit Öl bestreichen. Zucker in einem schweren Topf bei mittlerer Hitze zu hellbraunem Karamel schmelzen, Sonnenblumenkerne unterrühren, die Masse auf das Blech streichen und auskühlen lassen. Heidelbeeren verlesen, waschen, abtropfen lassen, mit 1 EL Zucker und 2 EL Wasser aufkochen und 5 Minuten leise köcheln lassen, pürieren und abkühlen lassen. Aprikosen kurz blanchieren, abschrecken und häuten, Früchte halbieren, Kern entfernen und in Spalten schneiden. Sahne mit dem Vanillezucker sehr steif schlagen. Restlichen Zucker mit dem Quark verrühren, Sahne vorsichtig unterheben. Quarkcreme und Heidelbeerpüree abwechselnd in Portionsgläser schichten, mit Quarkcreme abschließen. Mit Aprikosenspalten sternförmig garnieren und kalt stellen. Zum Servieren den abgekühlten Sonnenblumenkernkrokant grob zerbrechen und über das Dessert streuen.

Mandelparfait mit Himbeersauce

Für 6 Personen:

50 g Mandeln

60 g Zucker, 1 Vanilleschote

3 Eigelb, 1 Eiweiß, ¼ l Sahne

30 g Marzipanrohmasse

30 g Raspelschokolade

100 g TK-Himbeeren

40 g Puderzucker

1 Blatt Gelatine

300 g Kapstachelbeeren

20 g Hagelzucker

1 Kastenform (1 l Inhalt) mit Klarsichtfolie auslegen. Mandeln überbrühen, abziehen, fein hacken, in einer Pfanne goldbraun rösten, 20 g Zucker zugeben und leicht karamelisieren. Vanilleschote längs halbieren, das Mark herauskratzen. Eigelb mit dem Vanillemark etwa 5 Minuten im heißen Wasserbad cremig aufschlagen, dann kalt rühren. Sahne steif schlagen, Eiweiß mit dem restlichen Zucker zu einem festen Schnee schlagen. Marzipan in Würfel schneiden, mit Mandeln und Schokoraspel unter die Eigelb-Masse mischen. Nach und nach zuerst die Sahne, dann den Eischnee mit einem Spatel unterheben. Parfait-Masse in die Kastenform füllen und für einige Stunden in die Tiefkühltruhe stellen.

Für die Sauce die Himbeeren auftauen lassen und durch ein Sieb streichen. Püree mit dem Puderzucker verrühren. Gelatine in kaltem Wasser einweichen, dann tropfnaß in einem kleinen Topf auflösen und schnell unter das Himbeerpüree rühren, kalt stellen. Die Kapstachelbeeren aus der Hülle lösen und halbieren. Kurz vor dem Servieren mit dem Hagelzucker mischen. Parfait aus der Form nehmen, in 12 Scheiben schneiden und auf gekühlte Portionsteller verteilen. Püree und Früchte darum herum anrichten.

Topfenpalatschinken mit Pfirsichkompott

150 g Mehl
Salz, 1 Pck. Vanillezucker
7 Eier
200 ml Milch
4 EL Öl
1 EL Butterschmalz
100 g Mandelblättchen
100 g Zucker
50 g Butter
250 g Magerquark
2 TL Speisestärke
1 EL Zitronensaft
50 g Rosinen
200 ml Sahne
1 große Dose Pfirsiche
Puderzucker

Mehl mit Salz, Vanillezucker, 3 Eiern, etwas Milch und Öl verquirlen. So viel Milch zufügen, daß ein dünnflüssiger Teig entsteht. Teig 20 Minuten quellen lassen. Butterschmalz portionsweise in einer Pfanne erhitzen und aus dem Teig Palatschinken (dünne Pfannkuchen) backen.

Für die Füllung die Hälfte der Mandelblättchen hacken. 3 Eier trennen. Eigelb mit 60 g Zucker und der Butter schaumig rühren. Gut ausgedrückten Quark, Speisestärke, 1 Prise Salz, gehackte Mandeln und Zitronensaft unterrühren. Eiweiß mit 1 EL Zucker steif schlagen, mit den Rosinen unterheben. Backofen auf 175 Grad vorheizen.

Eine flache, möglichst quadratische Auflaufform einfetten und mit sich überlappenden Palatschinken auslegen. Quarkmasse daraufstreichen, Pfannkuchenränder darüberschlagen, so daß sich eine Rolle bildet. Im Backofen ca. 15 Minuten backen.

Sahne mit dem 7. Ei und dem restlichen Zucker verquirlen, über die Palatschinken gießen, weitere 15 Minuten backen. Mandelblättchen in einer Pfanne ohne Fett etwas rösten. Pfirsiche in Spalten schneiden. Palatschinken portionieren, mit Obst anrichten. Mit Puderzucker und Mandelblättchen bestreut servieren.

Drei-Trauben-Salat

500 g kernlose grüne Trauben
125 g Korinthen
125 g kernlose Rosinen
abgeriebene Schale einer halben unbehandelten Zitrone
Saft einer Zitrone
70 g Haselnußkerne
Zitronenmelisse zum Garnieren

Trauben waschen, trockentupfen und abzupfen. Die Hälfte der Beeren mit einer Gabel zerdrücken und durch ein Sieb streichen. Die übrigen Trauben halbieren. Korinthen und Rosinen in warmem Wasser waschen und auf Küchenkrepp abtropfen lassen.

Die Hälfte der Haselnüsse sehr fein mahlen, die andere Hälfte grob hacken. Traubenmark mit ⅛ l Wasser, gemahlenen Nüssen, Zitronensaft und -schale verrühren, halbierte Trauben, Rosinen und Korinthen unterheben. Zugedeckt 3 Stunden an einem kühlen Ort durchziehen lassen.

In der Zwischenzeit die gehackten Nüsse in einer Pfanne ohne Fett anrösten. Von der zweiten Zitronenhälfte die Schale dünn abschneiden und in schmale Streifen schneiden. Traubensalat mit Haselnüssen bestreuen, mit Zitronenschale und Melisse garniert servieren.

Zimtcrêpes mit Karameläpfeln

Für den Teig:

100 g Mehl

50 g Haselnußkerne

1 EL Zucker

½ TL Zimt

Salz

¼ l Milch

1 Ei

Butterschmalz zum Backen

Für die Karameläpfel:

500 g Äpfel

etwas Zitronensaft

6 EL Zucker

⅛ l Cidre (Apfelwein)

Puderzucker

50 g Haselnußblättchen

Für den Teig Mehl, fein gemahlene Nüsse, Zucker, Zimt und 1 Prise Salz mischen, mit der Milch zu einem glatten Teig schlagen. Ei unterschlagen, 20 Minuten quellen lassen.

Eine beschichtete Pfanne dünn mit Butterschmalz einpinseln und erhitzen. So viel Teig in dünnem Strahl in die Pfanne laufen lassen, bis der Boden gerade bedeckt ist. Crêpes auf beiden Seiten hellbraun backen, auf einer vorgewärmten Platte warm halten.

Äpfel waschen, abtrocknen, Kerngehäuse mit einem Apfelausstecher entfernen. Apfel in etwa 3 mm dünne Scheiben schneiden und mit Zitronensaft beträufeln. Eine beschichtete Pfanne erhitzen, Zucker hineingeben, goldbraun werden lassen. Mit Cidre ablöschen und aufkochen, bis der Zucker geschmolzen ist. Apfelscheiben hineingeben und kurz dünsten. Dabei einmal wenden.

Die Hälfte der Apfelscheiben auf die Crêpes verteilen und die Crêpes zu Dreiecken zusammenfalten. Mit den übrigen Apfelscheiben anrichten, mit Puderzucker und Haselnußblättchen bestreut servieren.

Bratäpfel mit Marzipan-Walnuß-Füllung

Für 6 Personen:
6 Äpfel
100 g Walnußkerne
60 g Sultaninen
150 g Marzipanrohmasse
¼ TL Zimt
3 EL Rum
30 g Butter
150 g Honig
150 ml Weißwein

Kerngehäuse mit einem Apfelausstecher entfernen, das entstandene Loch mit einem Teelöffel noch etwas vergrößern. Walnüsse grob hacken. Mit Sultaninen, Marzipan, Zimt und Rum verkneten. Backofen auf 200 Grad vorheizen. Die Äpfel in eine feuerfeste Form setzen, mit der Nußmasse füllen. Auf jeden Apfel ein kleines Stück Butter und 1 TL Honig geben. Den restlichen Honig beiseite stellen.

Die Form mit Alufolie abdecken. Im Backofen 30 Minuten braten, in den letzten 10 Minuten die Folie entfernen. Äpfel herausnehmen, auf jeden Apfel nochmals 1 TL Honig geben. Weißwein in die Form gießen und für 10 Minuten bei gleicher Temperatur in den Backofen stellen. Den Sud in einen Topf gießen und bei starker Hitze auf die Hälfte einkochen. Die Äpfel damit überziehen und servieren.

Himbeer-Mandel-Reis mit Granatapfelkernen

¼ l Milch
50 g Zucker
Salz
100 g Milchreis (Rundkorn)
400 g (TK-)Himbeeren
1 Granatapfel
50 g Mandelblättchen
100 ml Sahne
2 TL Puderzucker

Milch mit 300 ml Wasser mischen und 20 g Zucker und 1 Prise Salz aufkochen. Den Reis darin bei schwacher Hitze ca. 40 Minuten ausquellen lassen. Gelegentlich umrühren, dann in eine Schüssel umfüllen und abkühlen lassen.

In der Zwischenzeit die Himbeeren auftauen, einige zum Garnieren beiseite stellen. Den Rest pürieren und durch ein Sieb streichen. Den restlichen Zucker mit 2 EL Wasser aufkochen, auflösen und unter das Püree rühren.

Granatapfel halbieren, Kerne mit einer Gabel auslösen, austretenden Saft zum Himbeerpüree geben. Mandelblättchen in einer Pfanne ohne Fett goldgelb rösten. Sahne halbsteif schlagen. Reis mit 2 Gabeln auflockern. Zuerst das Himbeerpüree, dann jeweils die Hälfte der Sahne, der Mandeln und der Granatapfelkerne locker unter den Reis ziehen.

Reis auf 4 Tellern anrichten, mit den beiseitegelegten Himbeeren, den restlichen Mandelblättchen und Granatapfelkernen garnieren. Restliche Sahne in die Mitte setzen und mit Puderzucker bestreut servieren.

Apfelgratin mit karamelisierten Walnüssen und Walnußeis

750 g Äpfel
5 EL Zitronensaft
150 g Walnußkerne
100 g Puderzucker
300 ml Sahne
3 Eier
60 g Zucker
1 Pck. Vanillezucker
1 TL Zimt
4 Kugeln Walnußeis

Äpfel schälen, vierteln, entkernen. Zwei Drittel in dünne Spalten schneiden, den Rest würfeln, sofort mit Zitronensaft beträufeln. 100 g Walnußkerne grob hacken, den Rest vierteln. Für den Karamel den Puderzucker im Topf bei mittlerer Hitze schmelzen, mit 100 ml Sahne ablöschen und so lange unter Rühren kochen, bis ein dicklicher Karamel entsteht. Erst die geviertelten Nüsse darin wenden und einzeln auf eine Platte legen. Danach die gehackten Nüsse im Karamel wenden und darin abkühlen lassen.

Backofen auf 175 Grad vorheizen. Vier Gratinformen (16 cm Durchmesser) mit Apfelspalten auslegen, Apfelwürfel in die Mitte geben. Die gehackten Nüsse auf den Apfelwürfeln verteilen.

Für die Eiersahne 1 Ei und 2 Eigelb, 30 g Zucker und den Vanillezucker in einer Schüssel cremig rühren. Gratinformen mit der Eiersahne auffüllen, im Backofen auf der 2. Schiene von unten 35 Minuten backen, aus dem Ofen nehmen und 5 Minuten auskühlen lassen. Inzwischen den Zimt mit dem restlichen Zucker mischen. Gratins damit bestreuen und mit je 1 Eiskugel und den geviertelten Walnüssen garnieren.

Mandelpfannkuchen mit Trockenobst

100 g Mehl
1 Pck. Vanillezucker
1 Prise Salz
3 Eier
¼ l Milch
350 g Trockenobst
375 ml Apfelsaft
2 EL Apfeldicksaft
1 Zimtstange
2 Gewürznelken
2 TL Speisestärke
2 EL brauner Rum
4 EL Butter
4 EL Öl
100 g Mandelblättchen
50 g Puderzucker

Eier trennen. Mehl, Vanillezucker, Salz und Eigelb verrühren, nach und nach die Milch dazugeben. Teig abgedeckt 30 Minuten ruhen lassen. Eiweiß steif schlagen und unter den Teig heben. Trockenobst mit Apfelsaft, Apfeldicksaft, Zimt und Nelken bei milder Hitze 10 Minuten kochen. Speisestärke mit etwas Wasser glattrühren, 5 Minuten vor Ende der Garzeit mit dem Rum unter das Kompott rühren. Je 1 TL Butter und Öl in einer Pfanne erhitzen, ein Viertel der Teigmasse in die Pfanne geben, mit einem Viertel der Mandelblättchen bestreuen, von jeder Seite ca. 4 Minuten goldbraun backen. Warm stellen. Pfannkuchen auf Tellern anrichten, Kompott darübergeben und mit Puderzucker bestreut servieren.

Kokospudding mit Kaiserkirschen

100 g Kokosraspel
600 ml Milch
1 Glas Kaiserkirschen
1 Pck. Vanille-Puddingpulver
2 EL Zucker

Von den Kokosraspeln 1 EL abnehmen. Den Rest mit 500 ml Milch zum Kochen bringen. Abkühlen lassen, dabei ab und zu umrühren. Kirschen gut abtropfen lassen und entsteinen. Die beiseite gestellte Kokosraspel in einer Pfanne ohne Fett goldbraun rösten, abkühlen lassen. Kokosmilch durch ein feines Sieb gießen, Kokosraspel etwas ausdrücken, dann wegwerfen. Puddingpulver mit Zucker und der restlichen Milch verrühren. Kokosmilch zum Kochen bringen, angerührtes Puddingpulver hineingießen und unter Rühren aufkochen lassen. Kokospudding abwechselnd mit den Kirschen in hohe Gläser füllen. Abkühlen lassen, mit gerösteter Kokosraspel betreut servieren.

Kerniger Obstsalat

500 g Äpfel, 500 g Birnen
500 g Orangen
Saft einer Zitrone
100 g Haselnußkerne
je 1 EL Pistazien, Pinienkerne und Cashewkerne
1 EL Cognac, 2 EL Honig, 1 Msp. Zimt

Äpfel und Birnen schälen, halbieren, Kerngehäuse herausschneiden, in dünne Scheiben schneiden und sofort mit Zitronensaft beträufeln. Orangen schälen, weiße Haut entfernen, Filets herauslösen, halbieren, eventuelle Kerne entfernen. Das Obst in einer Schüssel mischen. Alle Nüsse grob hacken und in einer Pfanne ohne Fett etwas anrösten, dann zum Obst geben. Cognac, Zimt und Honig gut verrühren und vorsichtig unter das Obst heben. Obstsalat bei Zimmertemperatur eine Stunde durchziehen lassen.

Südtiroler Obstsalat

2 Pfirsiche
250 g Trauben
250 g Wassermelone
150 g Walnußkerne
2 Äpfel
Saft einer Zitrone
2 EL Honig, 2 cl Obstler
⅛ l Sahne

Pfirsiche kurz überbrühen und häuten, Kern entfernen und in dünne Scheiben schneiden. Trauben waschen, halbieren und entkernen. Wassermelone in kleine Würfel schneiden.

Walnüsse grob hacken. Äpfel schälen und grob raspeln. Das Obst in einer Schüssel mischen.

Zitronensaft, Honig und Obstler gut verrühren und über den Obstsalat geben. 40 Minuten zugedeckt an einem kühlen Ort ziehen lassen. Sahne steif schlagen und zum Servieren auf den Salat geben.

Gebackene Bananen mit Walnußkernen

4 Bananen

20 g Butter

etwas Zitronensaft

4 TL bittere Orangenkonfitüre

100 g Walnußkerne

2 Eiweiß

30 g Puderzucker

Walnußkerne grob hacken und in einer Pfanne ohne Fett anrösten. Bananen schälen, der Länge nach halbieren. In eine gefettete feuerfeste Form nebeneinander legen, mit Zitronensaft beträufeln. Mit Konfitüre bestreichen und mit den Nüssen bestreuen.

Backofen auf 175 Grad vorheizen. Eiweiß mit dem Puderzucker zu steifem Schnee schlagen und über die Bananen verteilen. Im Backofen ca. 15 Minuten überbacken. Heiß servieren.

Kuchen, Torten und Kleingebäck

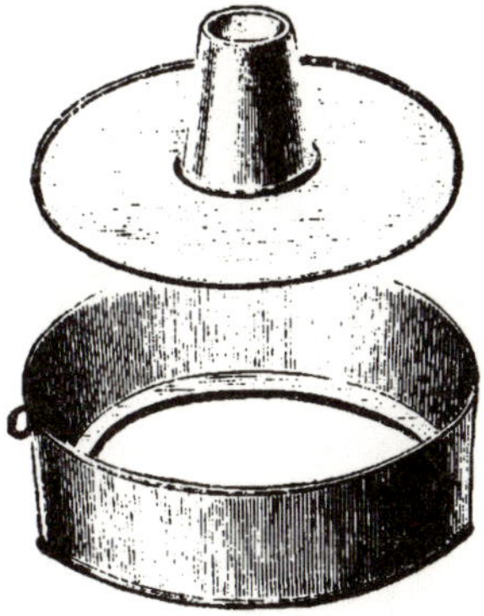

Zwetschgentarte mit Mohnfüllung

Für den Hefeteig:
375 g Mehl
30 g Hefe
3 Eigelb
100 g Butter
1 Prise Salz, 40 g Zucker
1 TL dünn abgeriebene Schale einer unbehandelten Zitrone
⅛ l Milch
etwas Mehl zum Ausrollen

Für die Mohnfüllung:
100 g Marzipanrohmasse
50 g Zucker
200 ml Milch
1 Prise Salz
150 g frisch gemahlener Mohn
1 Ei, ½ TL Zimt
Fett für die Form
3 EL Milch zum Bestreichen

Für Belag und Glasur:
750 g Zwetschgen
150 g Aprikosenkonfitüre
100 g Puderzucker
2 EL Sliwowitz

Für den Hefeteig Mehl in eine Schüssel geben, eine Mulde in die Mitte drücken, Hefe hineinkrümeln. Eigelb, Butter, Salz, Zucker und Zitronenschale auf dem Mehlrand verteilen. Milch leicht erwärmen und über die Hefe gießen. Mit der Hand die Hefe in der Milch auflösen und von der Mitte aus alle Zutaten zu einem glatten Teig verkneten. Teig mehrmals kräftig durchschlagen, dann zugedeckt an einem warmen Ort ca. 30–40 Minuten gehen lassen, dann wieder durchkneten und weitere 15 Minuten gehen lassen.

Für die Mohnfüllung die Marzipanrohmasse mit dem Zucker verkneten. Milch mit einer Prise Salz zum Kochen bringen, Mohn hineinrühren, einmal kurz aufkochen lassen. Marzipanrohmasse in Flöckchen in die Mohnmischung geben und mit dem Schneebesen glattrühren. Mohnmasse erkalten lassen. Dann Ei und Zimt darunterrühren.

Eine Tarteform mit herausnehmbarem Boden (32 cm Durchmesser) einfetten. Zwetschgen waschen, trockenreiben. Mit einem kleinen, scharfen Messer die Früchte oben und unten kreuzförmig einschneiden, halbieren, entkernen. Backofen auf 200 Grad vorheizen.

Hefeteig auf einer bemehlten Arbeitsfläche zu einem Rechteck von 40 x 30 cm ausrollen. Der Länge nach in 3 gleiche Streifen schneiden. Mohnfüllung in einen Spritzbeutel mit mittelgroßer Lochtülle füllen und gleichmäßig der Länge nach auf die Mitte der Teigstreifen spritzen. Teigränder mit Milch bepinseln. Teig über die Mohnfüllung klappen, leicht andrücken. Teigstreifen so drehen, daß die Naht unten liegt, dann etwas in die Länge ziehen. Eine Teigrolle als äußeren Ring in die Form legen. Das fehlende Stück von der zweiten Rolle abschneiden und damit den äußeren Ring schließen. Eine weitere Teigrolle ringförmig in die Form legen und zum Schluß den Rest als kleinen Ring in die Mitte legen. Die Zwetschgen senkrecht in die Zwischenräume der Teigrollen stecken. Mohnrollen mit einem scharfen Messer längs einritzen und mit der restlichen Milch bestreichen.

Die Tarte im Backofen auf der untersten Einschubleiste 45 Minuten backen. Die letzten 15 Minuten mit Folie abdecken. In der Zwischenzeit die Aprikosenkonfitüre pürieren und mit 4 EL Wasser 3 Minuten durchkochen. Tarte zum Abkühlen auf einen Rost setzen und die heiße Aprikosenkonfitüre daraufstreichen. Puderzucker mit Sliwowitz verrühren und mit einem Pinsel auf die fast ausgekühlte Tarte streichen. Mit geschlagener Sahne servieren.

Amerikanischer Erdnußkuchen

Für den Mürbteig:

200 g Mehl
1 Prise Salz
100 g Butter
25 g Pflanzenfett

Für den Belag:

200 g Erdnüsse
100 g Haselnüsse
100 g Schoko-Tröpfchen
85 g Butter, 3 Eier
40 g brauner Zucker
80 g weißer Zucker
50 g Mehl
etwas Puderzucker

Für den Teig das Mehl sieben, mit Salz mischen. Kaltes Fett in kleine Stückchen schneiden und schnell mit dem Mehl verkneten. 3 EL kaltes Wasser dazugeben und in den Teig kneten, zu einer Kugel formen, in Klarsichtfolie gewickelt etwa eine Stunde kalt stellen. Backofen auf 175 Grad vorheizen. Erdnüsse grob hacken, Haselnüsse mahlen. Beides zusammen mit den Schoko-Tröpfchen in einer Schüssel mischen. Butter schmelzen, etwas abkühlen lassen. Eier mit beiden Zuckersorten verrühren, bis sich der Zucker aufgelöst hat. Butter, Mehl und Nußmischung unterheben.

Mürbteig auf einer bemehlten Arbeitsfläche ausrollen, eine gefettete Springform (26 cm Durchmesser) damit auskleiden. Die Füllung hineingeben und glattstreichen.

Kuchen im Backofen ca. 45 Minuten backen. In der Form auskühlen lassen. Vor dem Servieren den Kuchen mit Puderzucker bestäuben.

Apfelstrudel mit Walnüssen

Für den Teig:

300 g Weizen(vollkorn)mehl

¼ TL Salz, 2 Eigelb

5 EL Sonnenblumenöl

Für die Füllung:

250 g getrocknete Aprikosen

200 g Walnüsse

1200 g Äpfel

1 EL Zucker, 1 Msp. Zimt

1 TL abgeriebene Schale einer unbehandelten Zitrone

Saft einer Zitrone

130 g Butter, 1 Eigelb, 1 EL Milch

Mehl, Salz, 150 ml lauwarmes Wasser, Eigelb und Öl miteinander verkneten, auf einer Arbeitsfläche 5 Minuten kräftig durchkneten. In Folie wickeln und 30 Minuten ruhen lassen. Aprikosen in dünne Streifen schneiden, Walnüsse grob zerdrücken, Äpfel schälen, achteln, Kerngehäuse entfernen. Äpfel quer in Scheiben schneiden, mit Aprikosen, Walnüssen, Zucker, Zimt, Zitronenschale und -saft mischen. Teig auf bemehlter Arbeitsfläche zu einem Rechteck von 55 x 40 cm ausrollen, auf ein bemehltes Küchentuch legen, eventuell etwas nachrollen. Backofen auf 200 Grad vorheizen. Füllung auf dem Teig verteilen, dabei 2 cm Rand frei lassen. 100 g Butterflöckchen darauf verteilen. Den Teig längs zusammenrollen, dabei das Tuch leicht anheben. Teigenden zusammendrücken, unterschieben. Strudel auf ein mit Backpapier ausgelegtes Backblech legen. Eigelb mit Milch verquirlen, Strudel damit bestreichen, mehrmals mit einer Gabel einstechen. Im Backofen auf der 2. Einschubleiste von unten 35 Minuten backen, dabei mit der restlichen Butter bestreichen. Strudel warm mit Schlagsahne servieren.

Haselnußtorte mit Aprikosen-Quark-Creme

Für den Boden:

150 g Haselnüsse
Fett für die Form
3 Eier
75 g Zucker
3 Zwiebäcke
1 Prise Salz
1 Prise Zimt
fein abgeriebene Schale einer halben Zitrone

Für die Quarkcreme:

8 Blatt weiße Gelatine
350 g Aprikosen
2 Eigelb
50 g Zucker
1 Päckchen Vanillezucker
2 EL Zitronensaft
1 EL Aprikosengeist
500 g Sahnequark
⅛ l Sahne

Für die Dekoration:

3 Blatt weiße Gelatine
200 g Aprikosen
100 g Aprikosennektar

Backofen auf 175 Grad vorheizen. Haselnüsse fein mahlen. Boden einer Springform (26 cm Durchmesser) gut einfetten und mit ca. 10 g Haselnußmehl bestreuen. Eier trennen. Eigelb mit der Hälfte des Zuckers schaumig schlagen. Das restliche Haselnußmehl, die geriebenen Zwiebäcke, Salz,

Zimt und Zitronenschale mischen. Eiweiß mit dem restlichen Zucker sehr steif schlagen, mit dem Nußgemisch vorsichtig unter die Eigelbmasse heben. Teig in die Springform füllen, im Backofen auf der zweiten Schiene von unten etwa 30 Minuten backen. Gut abkühlen lassen.

Für die Creme Gelatine in kaltem Wasser einweichen. Aprikosen kurz überbrühen, abschrecken, häuten, entsteinen und grob pürieren. Gelatine aus dem Wasser nehmen, bei milder Hitze in einem Topf auflösen. Eigelb, Zucker und Vanillezucker 5 Minuten cremig rühren, dann Zitronensaft, Aprikosengeist, Aprikosenpüree, Gelatine und Sahnequark unterrühren. Ca. 10 Minuten kalt stellen, bis die Creme zu gelieren beginnt. In der Zwischenzeit die Sahne steif schlagen, unter die Creme heben und weitere 15 Minuten kalt stellen. Aprikosencreme auf die Mitte des Bodens geben und glattstreichen. Weitere 90 Minuten kalt stellen.

Für die Garnitur Gelatine in kaltem Wasser einweichen. Aprikosen überbrühen, abschrecken, häuten, entsteinen. Drei Aprikosen in Spalten schneiden, den Rest fein pürieren und durch ein Haarsieb streichen. Gelatine etwas ausdrücken und bei milder Hitze auflösen, mit Aprikosenpüree und -nektar so lange verrühren, bis die Masse zu gelieren beginnt.

Aprikosenspalten sternförmig auf die Tortenmitte legen, mit der Glasur von der Mitte her überziehen. Vor dem Anschneiden noch einmal mindestens 30 Minuten kalt stellen.

Birnentarte mit Walnüssen und Zwetschgensauce

200 g (Vollkorn-)Mehl
Salz, 4 Eier, 100 g Butter
350 g Zwetschgen
2 Gewürznelken, ½ Stange Zimt
2 EL Honig
3 EL Zitronensaft
2 EL Rotwein
1500 g Birnen
2 EL Birnendicksaft
70 g Walnußkerne
etwas Zimtpulver, ½ Vanilleschote
200 g Crème fraîche
¼ l Sahne

Mehl und Salz mischen, in die Mitte eine Mulde drücken, 2 Eier hineingeben, Butter in Flöckchen darüber verteilen. Alle Zutaten schnell zu einem glatten Teig verarbeiten. In Folie wickeln und 30 Minuten im Kühlschrank ruhen lassen.

Zwetschgen waschen, halbieren und entsteinen, mit Nelken, Zimtstange, Honig, 2 EL Zitronensaft und Rotwein 7 Minuten kochen lassen. Zimtstange und Nelken herausnehmen, Zwetschgen fein pürieren. Birnen schälen, Kerngehäuse entfernen, in schmale Spalten schneiden, mit 1 EL Birnendicksaft und dem restlichen Zitronensaft vermischen. Walnüsse grob hacken.

Backofen auf 200 Grad vorheizen. Teig auf einer bemehlten Arbeitsfläche ausrollen und in eine Tarteform drücken. Mit einer Gabel mehrfach einstechen. Birnenspalten sternförmig darauflegen, mit einer Prise Zimt und den Walnüssen bestreuen. Vanilleschote längs aufschneiden, Mark herausschaben. Die restlichen Eier, Crème fraîche und

Vanillemark verrühren und über die Tarte gießen. Birnentarte auf der untersten Einschubleiste im Backofen 20 Minuten backen, dann auf die zweiten Einschubleiste stellen und weitere 20 Minuten backen. 10 Minuten vor Ende der Backzeit die Tarte mit Alufolie abdecken. Nach Ende der Backzeit den Backofen ausschalten und die Tarte noch 5 Minuten im Ofen ruhen lassen. Sahne steif schlagen, den restlichen Birnendicksaft unterheben. Birnentarte noch lauwarm mit der Zwetschgensauce und der Sahne servieren.

Badischer Rotweinkuchen

100 g Zartbitter-Kuvertüre

250 g Honig

3 Eier

250 g Butter

250 g Mehl

1 Pck. Backpulver, 1 Pck. Vanillezucker

1 TL Zimt

200 g Haselnüsse

100 ml Rotwein (trocken)

Puderzucker

Nüsse mahlen. Kuvertüre reiben. Honig, Eier und die möglichst weiche Butter schaumig rühren. Ofen auf 175 Grad vorheizen. Mehl und Backpulver mischen, Vanillezucker, Zimt, Kuvertüre und Haselnüsse unterheben. Honig-Eimasse dazugeben, gut verrühren, zum Schluß den Rotwein hineinrühren. Wenn der Teig zu fest scheint, kann man 1 – 2 EL Milch hineingeben. Eine Kastenform (2 l Inhalt) gut fetten, Teig hineingeben, glattstreichen, im Backofen ca. 70 Minuten backen. Nach 40 Minuten mit Alufolie abdecken, damit der Kuchen nicht zu dunkel wird. Kuchen auskühlen lassen, stürzen und dick mit Puderzucker bestreuen.

Spanische Mandeltörtchen

Für die Makronenmasse:
2 Eiweiß
1 Prise Salz
125 g Zucker
200 g Mandeln
4 Tropfen Bittermandelöl

Für den Biskuit:
4 Eier
2 Eigelb
50 g Zucker
200 g Marzipanrohmasse
1 Prise Salz
etwas abgeriebene Zitronenschale
2 EL Zitronensaft
100 g Mehl
2 Msp. Backpulver

26 Papier-Backförmchen (50 mm Durchmesser)
2 EL Mandelblättchen

Für die Makronenmasse die Mandeln überbrühen, abziehen, gut trocknen lassen und fein mahlen. Eiweiß und Salz zu einem festen Schnee schlagen, Zucker langsam hineinrieseln lassen, so lange weiterschlagen, bis eine cremige Masse entsteht. Mandeln und Aroma unterheben. Backofen auf 175 Grad vorheizen.

Für den Biskuit Eier, Eigelb und Zucker schaumig schlagen. Marzipan zerbröseln und unterheben. Nacheinander Salz, Zitronenschale und -saft, Mehl und Backpulver unterrühren. Backförmchen auf ein Backblech setzen, jeweils 2 EL Teig in die Förmchen füllen, 1 gehäuften TL Makronenmasse daraufsetzen und mit Mandelblättchen bestreuen.

Törtchen im vorgeheizten Backofen auf der mittleren Schiene ca. 20 Minuten goldgelb backen. Vor dem Verzehr abkühlen lassen.

Wiener Nußtorte

4 Eier
250 g Puderzucker
1 Pck. Vanillezucker
1 Prise Salz, Zucker
2 Tropfen Bittermandelöl
2 cl Rum
50 g Kakao
1 gestr. TL Zimt
250 g Haselnüsse oder Mandeln
Puderzucker zum Bestreuen

Nüsse fein mahlen. Eier trennen. Eiweiß mit einer Prise Zucker sehr steif schlagen und kalt stellen. Eigelb mit Puderzucker und Vanillezucker zu einer glatten Creme rühren, Bittermandelöl, Rum, Kakao und Zimt dazugeben, gut mischen, gemahlene Nüsse unterheben, zum Schluß das Eiweiß mit einem Schneebesen vorsichtig unterheben, nicht mehr rühren.

In eine gefettete Springform (24 cm Durchmesser) füllen. Im Backofen bei 170 Grad ca. 70 Minuten backen. Auskühlen lassen und mit Puderzucker bestreuen. Wahlweise mit Schokoglasur überziehen und mit Aprikosenmarmelade füllen.

Engadiner Walnußtorte

Für den Teig:
250 g Mehl
1 Eigelb
90 g Zucker
1 Pck. Vanillezucker, 1 Prise Salz
1 TL abgeriebene Orangenschale
100 g Butter

Für die Füllung:
300 g Walnüsse
200 g Zucker
3 EL Honig
200 ml Sahne
2 cl Kirschwasser
1 Eigelb, 2 EL Milch

Mehl mit Eigelb, Zucker, Vanillezucker, Salz, Orangenschale und Butter in Stückchen rasch zu einem glatten Teig kneten. Eine Kugel formen, in Folie wickeln und ca. eine Stunde im Kühlschrank ruhen lassen. Walnußkerne grob hacken. Zucker mit dem Honig bei schwacher Hitze unter Rühren schmelzen, Topf von der Kochplatte nehmen und die Sahne unterrühren, dann wieder langsam erhitzen, Kirschwasser und Nüsse dazugeben, mischen und abkühlen lassen.

Drei Viertel des Teigs auf einer bemehlten Arbeitsfläche etwas größer als eine Springform (26 cm Durchmesser) ausrollen. Übrigen Teig wieder kalt stellen.

Backofen auf 200 Grad vorheizen. Gefettete Springform mit dem ausgerollten Teig auskleiden, mit einer Gabel mehrfach einstechen. Honig-Nuß-Masse in die Form füllen, glattstreichen, kalt stellen. Den übrigen Teig auf der bemehlten Arbeitsfläche etwa 3 mm dick ausrollen, mit einem Teigrädchen 1,5 cm breite Streifen ausradeln, als Gitter auf die

Torte legen. Eigelb mit Milch verrühren und Teiggitter damit bepinseln. Kuchen in der Ofenmitte ca. 30 Minuten backen, die letzten 10 Minuten abdecken, ehe er zu dunkel wird.

Sesam-Makrönchen

Für den Teig:

250 g Sesamsaat

1 Vanilleschote

200 g Marzipanrohmasse

100 g Zucker

½ TL Anis, 3 Eiweiß

Für die Dekoration:

10 g Sesamsaat

100 g Zartbitter-Kuvertüre

100 g dunkle Kuchenglasur

Sesam in einer Pfanne ohne Fett bei milder Hitze unter Wenden goldbraun rösten, auskühlen lassen. Vanilleschote aufschlitzen, Mark herauskratzen. 200 g gerösteten Sesam fein zerkleinern, mit dem Marzipan, Zucker, Anis, Vanillemark, Eiweiß und dem ganzen Sesam verkneten. Den Backofen auf 200 Grad vorheizen. Zwei Backbleche mit Backpapier belegen, mit Hilfe eines Spritzbeutels oder mit einem Teelöffel 60 Häufchen mit ca. 2,5 cm Durchmesser auf die Bleche setzen, mit dem Sesam bestreuen.

Im Backofen auf der zweiten Einschubleiste von unten ca. 15 Minuten backen, mit dem Papier vom Backblech ziehen und erkalten lassen. In der Zwischenzeit Kuvertüre und Glasur zerkleinern, im Wasserbad schmelzen, gut durchrühren. Jede Makrone auf eine Gabel setzen und ca ½ cm tief in die Kuvertüre tauchen, abtropfen lassen und zurück auf das Backpapier setzen. Erkalten lassen.

Florentiner

170 g Mandelblättchen
50 g Zitronat
50 g Orangeat
20 g kandierter Ingwer
170 g Zucker
1 Pck. Vanillezucker
100 g Mehl
abgeriebene Schale einer unbehandelten Zitrone
40 g Butter
⅛ l Milch
⅛ l Sahne
1 Prise Salz
100 g zartbittere Schokolade

Zitronat, Orangeat und Ingwer fein hacken, alles zusammen in eine Schüssel geben und mit Mandelblättchen, Zucker, Vanillezucker, Mehl und Zitronenschale mischen. Butter mit Milch, Sahne und Salz in einem Topf erhitzen, Hitze reduzieren und die Mandelmischung hineinrühren. 5 Minuten unter Rühren leise köcheln lassen, bis der Zucker etwas karamelisiert. Dann in ein heißes Wasserbad stellen und flüssig halten.

Den Backofen auf 180 Grad vorheizen. Ein Backblech mit Alufolie auslegen. Von der Masse mit einem in kaltes Wasser getauchten Teelöffel kleine, flache Häufchen in ausreichendem Abstand auf die Alufolie setzen. Mit einem nassen Messer glattstreichen. Im Backofen auf der mittleren Schiene ca. 25 Minuten backen. Danach die Florentiner sofort von der Alufolie lösen und abkühlen lassen. Schokolade im heißen Wasserbad schmelzen, Florentiner mit der Unterseite hineintauchen, mit der Oberseite auf ein Kuchengitter legen und ganz erkalten und trocknen lassen.

Linzer Torte

150 g Butter
150 g Mehl
100 g Mandeln
1 Eigelb
2 hartgekochte Eigelbe
abgeriebene Schale und Saft
einer ganzen unbehandelten Zitrone
1 Msp. Zimt
1 Msp. Nelken
1 Prise Salz
250 g Himbeerkonfitüre
1 Eigelb zum Bestreichen

Mandeln mit der Schale fein mahlen. Gekochtes Eigelb durch ein Sieb streichen. Mehl auf eine Platte sieben, in die Mitte eine Mulde drücken. Mandeln, gekochtes und rohes Eigelb, Zitronensaft und -schale, Zimt, Nelken, Salz und zum Schluß die kalte Butter in Flöckchen dazugeben. Alles vom Rand her schnell miteinander verkneten. In Folie gewickelt eine Stunde im Kühlschrank ruhen lassen.

Zwei Drittel des Teigs 3 mm dick ausrollen. Eine Springform (24 cm Durchmesser) damit auskleiden, dabei einen Rand von 1 cm Höhe formen, den Rest abschneiden. Den Boden mit der Konfitüre bestreichen. Den restlichen Teig ebenfalls 3 mm dick ausrollen und mit einem Teigrädchen schmale Streifen auschneiden, Streifen gitterförmig auf der Himbeerkonfitüre anordnen. Mit Eigelb bepinseln. Im Backofen bei 200 Grad ca. 40 Minuten backen. Linzer Torte in der Form abkühlen lassen, da sie sonst leicht zerbricht. Linzer Torte schmeckt besonders gut, wenn man sie mindestens eine Woche gut verpackt ziehen läßt.

Vollwertstollen mit Aprikosen

250 g Trockenaprikosen
3 EL Rum
750 g Weizenvollkornmehl
200 ml Milch
50 g Hefe
150 g Honig, 1 Ei
2 Vanilleschoten, 1 TL Salz
Schale von 2 unbehandelten Zitronen
300 g Butter
250 g Walnüsse
250 g Rosinen
Schale von 2 unbehandelten Orangen

Aprikosen vierteln. Rum aufkochen und über die Aprikosen gießen. 600 g Mehl in eine Schüssel geben und eine Mulde in die Mitte drücken. Lauwarme Milch mit der zerbröckelten Hefe und 1 EL Honig verrühren, in die Mulde gießen und etwas Mehl darüberstreuen. Zugedeckt 15 Minuten kühl stellen. Den restlichen Honig mit Ei, ausgekratztem Vanillemark, Salz und Zitronenschale verrühren. Mit dem Vorteig und dem Mehl in der Schüssel gut verkneten. Wieder zugedeckt 20 Minuten gehen lassen. 250 g Butter mit dem restlichen Mehl zu Streuseln verkneten, unter den Teig mischen und wieder 20 Minuten gehen lassen. Backofen auf 200 Grad vorheizen. 200 g Walnüsse grob hacken, den Rest fein mahlen. Aprikosen, gehackte Nüsse und Rosinen unter den Teig kneten. Einen Stollen formen und auf ein Backblech setzen, 5 Minuten zugedeckt gehen lassen. Auf der zweiten Einschubleiste von unten 70 Minuten backen, nach 45 Minuten mit Alufolie abdecken. Restliche Butter zerlassen und den heißen Stollen damit bepinseln, Orangenschale und gemahlene Mandeln daraufstreuen. Auskühlen lassen, in Folie verpacken und mindestens 3 Wochen durchziehen lassen.

Mandeltarte mit Pinienkernen

Für den Teig:

200 g Mehl

4 Eigelb, Salz, 125 g Butter

50 g Zucker, 1 Pck. Vanillezucker

Für die Füllung:

100 g Pinienkerne, 100 g Mandeln

125 g Butter

125 g Zucker, Salz, 3 Eier

30 g Speisestärke

½ TL Backpulver

Für den Teig das Mehl in eine Schüssel geben. In die Mitte eine Mulde drücken. Eigelb und 1 Prise Salz in die Mulde geben. Die Butter in kleine Stücke schneiden und mit Zucker und Vanillezucker auf dem Mehlrand verteilen. Alle Zutaten von der Mitte aus schnell zu einem glatten Teig verkneten. In eine Tarteform (30 cm Durchmesser) drücken. Einen Rand von 1 cm hochziehen, den Boden mehrfach mit einer Gabel einstechen und 30 Minuten kalt stellen. In der Zwischenzeit für die Füllung die Pinienkerne in einem Fünftel der Butter hellgelb rösten und beiseite stellen. Die restliche Butter bei schwacher Hitze schmelzen und wieder abkühlen lassen. Die Mandeln überbrühen, häuten und mahlen. Backofen auf 190 Grad vorheizen. Mandeln, Zucker und 1 Prise Salz mischen. Eier einzeln unterrühren, in 5 Minuten schaumig rühren. Speisestärke und Backpulver darübersieben und unterheben. Nach und nach die zerlassene Butter unterziehen. Die Mandelmasse auf den Teigboden gießen. 10 Minuten auf der zweiten Einschubleiste von unten backen. Dann die Pinienkerne auf der Mandelmasse verteilen und weitere 15 Minuten backen. Im offenen und ausgeschalteten Backofen 10 Minuten nachziehen lassen. Noch warm servieren.

Basler Kirschtorte

500 g Milchbrötchen
300 ml Milch
1 kg dunkle Süßkirschen
100 g Löffelbiskuits
140 g Butter, 7 Eier
100 g gemahlene Haselnüsse
20 g Mehl, 10 g Backpulver
½ TL Zimt
200 g Zucker
1 TL abgeriebene Schale einer unbehandelten Zitrone
4 EL Kirschwasser
10 g Puderzucker

Brötchen in dünne Scheiben schneiden und ca. 2 Stunden in der Milch einweichen. Kirschen entsteinen. Löffelbiskuits in einen Gefrierbeutel geben und mit einem Wellholz zerbröseln. Eine Springform (26 cm Durchmesser) einfetten und mit einem Drittel der Biskuitbrösel ausstreuen. Eier trennen. Haselnüsse, Mehl, Backpulver, die restlichen Semmelbrösel und Zimt mischen.

Eigelb, drei Viertel des Zuckers, Zitronenschale und Kirschwasser schaumig rühren, die restliche Butter dazugeben, gut durchrühren, dann die Brösel-Nuß-Mischung und die eingeweichten Brötchen untermischen.

Backofen auf 180 Grad vorheizen. Eiweiß mit dem restlichen Zucker zu einem steifen Schnee schlagen. Eischnee und Kirschen unter die Masse heben, in die Springform füllen und glattstreichen. Torte im Backofen auf der zweiten Einschub-eiste von unten 60 Minuten backen, währen der letzten 15 Minuten eventuell mit Folie abdecken. Die Torte auf einem Kuchengitter in der Form auskühlen lassen, vorsichtig aus der Form nehmen und leicht mit Puderzucker bestäuben.

Haselnuß-Schokoladen-Torte

200 g Halbbitterkuvertüre
200 g Butter, 6 Eier, 200 g Zucker
50 g Mehl, 200 g Haselnüsse
2 TL Backpulver, Salz
4 EL brauner Rum (40 %)
Fett und Mehl für die Form
200 g Puderzucker, 70 g Kakao

Eine Springform (26 cm Durchmesser) nur am Boden fetten und mit Mehl ausstäuben. Kuvertüre grob hacken und im heißen Wasserbad schmelzen. Butter würfeln und mit dem Schneebesen unter die warme Kuvertüre rühren. Eier und Zucker schaumig rühren. Nüsse in einer Pfanne ohne Fett kräftig rösten, dann mahlen. Nüsse mit Mehl, Backpulver und 1 Prise Salz mischen. Backofen auf 180 Grad vorheizen. Die Schokoladen-Butter-Mischung cremig rühren, nach und nach die Ei-Zucker-Mischung unterrühren. Rum dazugeben und das Nuß-Mehl-Gemisch unterheben. Die Masse in die Form füllen und glattstreichen. Im Backofen auf der zweiten Einschubleiste von unten 60 Minuten backen, in der Form auskühlen lassen.

Für die Glasur Puderzucker und Kakao (bis auf 10 g) mit ⅛ l Wasser verrühren und unter ständigem Rühren mit dem Schneebesen einmal aufkochen lassen, im kalten Wasserbad etwas abkühlen, die noch warme Glasur auf eine Arbeitsfläche gießen und mit einer Palette »tablieren«, das heißt, die Glasur mit der Palette ständig auseinander- und wieder zusammenstreichen, so lange, bis sie dickflüssig und glänzend ist. Die Torte aus der Form lösen und auf ein Gitter stellen. Mit Folie unterlegen. Zuerst den Rand der Torte mit der Glasur einstreichen, die restliche Glasur auf die Torte gießen und Oberfläche und Rand glattstreichen. Mit dem restlichen Kakaopulver besträuben.

Festlicher Rührkuchen mit Haselnüssen und Mandeln

250 g Butter
300 g Zucker
6 Eier
3 Tropfen Bittermandelöl
4 Tropfen Backöl Zitrone oder
etwas abgeriebene Schale einer unbehandelten Zitrone
1 Prise Salz
300 g Mehl
100 g Speisestärke
3 gestr. TL Backpulver
100 g gehackte Mandeln
100 g gehackte Haselnüsse
Fett und Semmelbrösel für die Form

Butter schaumig rühren und nach und nach den Zucker dazugeben, weiterrühren, bis sich der Zucker gelöst hat. Eier und Gewürze ebenso unterrühren. Mehl, Speisestärke und Backpulver mischen und durch ein Sieb langsam hineinrühren, kräftig weiterrühren. Zum Schluß die Mandeln oder Nüsse unterheben.

Eine Napfkuchenform einfetten, mit Semmelbröseln ausstreuen und den Teig hineinfüllen. Im Backofen auf der mittleren Schiene bei 175 Grad 70 Minuten backen.

Vor dem Servieren mit Puderzucker bestreuen, mit Schokoguß überziehen oder nach Belieben verzieren.

Pecannuß-Orangen-Ring

Für den Kuchen:

150 g kandierte Orangenscheiben
150 g Pecannüsse
abgeriebene Schale von 2 unbehandelten Orangen
1 Vanilleschote
250 g Mehl, 1 TL Backpulver
180 g Butter
180 g Zucker, 1 Prise Salz
2 Eier, 200 ml Buttermilch

Für den Sirup:

⅛ l Orangensaft (möglichst frisch gepreßt)
60 g Zucker, 3 EL Rum (54 %)

Für die Garnierung:

150 g Aprikosenkonfitüre
50 g kandierte Orangenscheiben
50 g Pecannüsse
abgeriebene Schale einer unbehandelten Orange
2 EL Orangensaft, 100 g Puderzucker

Orangenscheiben und Pecannüsse fein hacken. Die beiden Orangen heiß abwaschen, trocknen und dünn abreiben. Mark der Vanilleschote auskratzen. Mehl, Backpulver, gehackte Nüsse und Orangenscheiben mischen.

Backofen auf 180 Grad vorheizen. Eine Frankfurter Kranz-Form einfetten und mit Mehl bestäuben. Butter, Zucker, Salz und 1 TL abgeriebene Orangenschale mischen, schaumig rühren, nach und nach die Eier zugeben. Dann die Buttermilch und das Mehl-Nuß-Gemisch mit einem Holzlöffel unterrühren. Die Masse in die Form füllen und im Backofen 45 Minuten auf der zweiten Einschubleiste von unten backen. In der Zwischenzeit ⅛ l Orangensaft mit Zucker aufkochen, kalt werden lassen. Dann den Rum dazugeben. Kuchen in der Form auskühlen lassen, mit einem Holzstäbchen Löcher in die Oberfläche stechen. Sirup über den Kuchen verteilen, abdecken und 2 Tage kühl gestellt durchziehen lassen. Dann den Kuchen aus der Form auf ein Gitter stürzen. Aprikosenkonfitüre mit 3 EL Wasser 4 Minuten sprudelnd kochen lassen. Kuchen mit der heißen Konfitüre bepinseln. Die kandierten Orangenscheiben in Streifen schneiden. Kuchen abwechselnd mit Orangenstreifen und Pecannüssen belegen. Orangenschale, Orangensaft und Puderzucker glatt verrühren. Im Wasserbad leicht erwärmen, Kuchen damit beträufeln. Kühl aufbewahrt hält sich dieser Kuchen 3–4 Wochen.

Butterkuchen mit Haselnüssen und Mandeln

Für den Teig:

375 g Mehl
30 g Hefe, 200 ml Milch
Salz, 30 g Zucker
1 Ei, 1 Eigelb

Für den Belag:

250 g weiche Butter
100 g Puderzucker
100 g Haselnußkerne
100 g Mandeln
50 g Zucker, 1 TL Zimt

Für den Teig das Mehl in eine Schüssel geben, eine Mulde in die Mitte drücken. Hefe in die Mulde krümeln. Milch leicht erwärmen, auf die Hefe gießen, Hefe darin auflösen.

Salz, Zucker, Ei und Eigelb auf dem Mehlrand verteilen. Von der Mitte aus alle Zutaten rasch zu einem glatten Teig verarbeiten, zu einer Kugel formen, leicht mit Mehl bestäuben, bei Raumtemperatur ca. 40 Minuten gehen lassen.

Für den Belag Butter und Puderzucker schaumig rühren. Haselnüsse grob zerkleinern. Mandeln hobeln. Eine Saftpfanne mit Backpapier auslegen. Backofen auf 200 Grad vorheizen. Teig ausrollen und auf die Saftpfanne legen, weitere 15 Minuten gehen lassen. Mit den Fingern Vertiefungen mit je 1 cm Abstand in den Teig drücken und mit einer Gabel mehrfach einstechen.

Buttermischung in einen Spritzbeutel mit Lochtülle Nr. 8 füllen und in die markierten Löcher spritzen. Die Hälfte der Fläche mit Mandeln bestreuen, die andere Hälfte mit Haselnüssen. Zucker und Zimt mischen und gleichmäßig über Mandeln und Haselnüsse streuen.

Auf der zweiten Schiene von unten im Backofen 20 Minuten backen, bis die Oberfläche goldbraun ist. Kuchen auf einem Rost etwas auskühlen lassen, noch lauwarm in Stücke schneiden.

Register